Andreas Telkemeier

Permakultur in der Stadt

Gedruckt auf **100%** Recyclingpapier

Andreas Telkemeier

Permakultur in der Stadt

Von der Vision nachhaltigen Lebens im urbanen Raum

Inhalt

Einfach mal den Wandel selbst in die Hand nehmen! 9
Städtezuwachs und Landflucht 10
Nach uns die Sintflut? 10
Eine schönere Welt ist möglich! 13

Permakultur – was ist das eigentlich? 17
Was Permakultur alles beinhaltet 17
    Die Wurzel des Baumes – die Ethik 19 / Der Stamm der Baumes – die Permakultur-Prinzipien nach David Holmgren 22 / Das Astwerk des Permakultur-Baumes 28 / Die Blüte und der Ertrag in voller Entwicklung 31

Darf ich vorstellen? Das Permakultur-Werkzeug »Zonierung« 32
    Die städtische Zonierung 33

Grüne Permakultur in der Stadt 39
Microgreens und Sprossen 40
Noch mehr Pflanzen für die Fensterbank 41
Pflanzen für die Wohnung 42
Balkon und Terrasse 42
    Wichtig! Statik! 43 / Vertikal gärtnern 43 / Hochbeete 45

Der Hausgarten in der Stadt 47
    Elemente für den Permakultur-Hausgarten 47

Kompost 55
    Gartenkompost 56 / Bokashi 57 / Die Wurmkiste 59

Baumscheibenbepflanzung auf kleinstem Raum 60
Pilze in der Stadt 63
Tierhaltung in der Stadt 63
Urban Garden 65
    Guerillagärtnern 65 / Kisten-Gärtnern 65 / Gärtnern auf der Dachterrasse – Rooftop Garden 65 / Initiative »Essbare Stadt« 66 / Gemeinschaftsgarten 67 / Saisongarten 68 / Der Kleingarten 68

Solidarische Landwirtschaft 71

Inhalt

Waldgarten und Streuobstwiese 72
    Waldgärten am Stadtrand 72 / Die Streuobstwiese 73
Wildnis 74
Wege und Verbindungen zwischen den Zonen 76

Gebaute Welt ... 79
Was macht eine nachhaltige Stadt aus? 79
Repaircafés 81
Offene Werkstätten 81
Leihläden 82
Orte für nachhaltigen Einkauf 84
Orte für Soziales, Lernen und Teilen 85
Öffentliche Toiletten – mal nachhaltig 87
Trinkwasser für heiße Tage in der Stadt 88
Spielplätze zum Forschen und Naschen 89
Verbindet eure Gärten und Ressourcen! 90
Tiny Houses 93
Mobilität 95
Energie aus nachhaltigen Quellen 97

Technologien und Wirtschaft ... 99
Technologien 100
    Erneuerbare Energien 100 / Bioabfall wird zu Pflanzenkohle 105 /
    Aquaponik – Fische und Gemüse in der Stadt 107
Finanzen und Wirtschaft 109
    Gemeinwohlökonomie 109 / Regionalgeld 111

Soziale Gemeinschaft und Politik ... 113
Transition-Town-Bewegung 113
Gemeinschaft 114
    Gemeinschaftliches Wohnen 116 / Das Mietshäuser Syndikat 117
Politik 119
    Werdet politisch aktiv! 120 / Ein Abstecher in den zivilen Ungehorsam 121

Bildung, Spiritualität und Kultur ... 123
Kinder in der Permakultur ... 123
Bildung ... 124
   Vorlesen 124 / Kindergarten 125 / Schulgärten 127

Zone Z – wer bin ich? ... 129
Ikigai ... 129
   Die vier Kreise 131 / Die ersten vier Überschneidungen 131 /
   Die zweiten vier Überschneidungen 133
Spiritualität ... 134
   Medizinwanderung und Schwellengang 134 / Visionssuche 136 /
   Rituale im Alltag 138

Gesundheit und Wohlbefinden ... 141
In Gemeinschaft leben ... 141
   Hausgeburt und Wochenbett 142 / In Würde sterben 142
Meditation ... 143
Lebensmittel haltbar machen ... 144
   Einkochen 144 / Kapern für die Pizza 147 / Fermentation 147
Schon mal selbst ein Brot gebacken? ... 151
Wildkräuter in der Küche ... 151
   Zum Beispiel – Wildkräuterbutter 152 / Zum Beispiel – Grüne Soße 152
Resteverwertung ... 153

Permakultur in der Umsetzung – jetzt geht's los! ... 157
Die Selbstanalyse ... 157
   Dein persönlicher Fußabdruck in der Welt 157 /
   Dein persönliches Interview 159 / Ressourcen und Begrenzungen 161
Die weitere Analyse und Beobachtung ... 163
   Standortanalyse 163
Nach der Analyse der erste Entwurf! ... 166
Das eigentliche Design ... 167
Die Umsetzung ... 168
Die Instandhaltung ... 168

Der Autor ... 170

Einfach mal den Wandel selbst in die Hand nehmen!

Es gibt viele Bücher über Permakultur und das ist gut so. Die meisten sind sehr zu empfehlen und liefern euch viele Details für die Gartengestaltung und Planung. Manche sind eher allgemein gehalten, andere wiederum voller Details. Meist geht es um die »grüne« Permakultur. Doch in der Stadt lebt man meist zur Miete und eventuell auch in einem Gebäude mit vielen weiteren Mietern. Die Grünfläche ist begrenzt und dennoch ist da der Wunsch, eigenes Gemüse anzubauen. Zum Wunsch gesellen sich dann die Ideen der Permakultur, die uns zeigt, wie toll alles miteinander wächst, wie der Ertrag weit übertroffen wird, wie Pflanzbehälter aus Recyclingmaterial gebaut werden und Hochbeete aus Paletten zum Ernten einladen. Das lässt den Wunsch weiter wachsen, dies alles auch so haben zu wollen. Aber Permakultur ist noch viel mehr!

Sie ist für mich eine Lebensweise, eine Philosophie und Wegbegleiterin mit Tipps für den Alltag in einer nachhaltigeren Welt. Permakultur umfasst Bereiche wie Wohnen, Energie, Mobilität, um nur einige zu nennen. Und genau dafür möchte ich euch mit diesem Buch begeistern. Es gibt so viele Bereiche und Dinge, die du verändern und gestalten kannst – als Mieter in einer Stadt. Und auch fürs Land kann das Buch eine Unterstützung sein, das eigene Leben in ein nachhaltiges und wunderbares Leben zu verwandeln. Hier geht es nicht um Verbote, Richtlinien oder ein Denken in Schwarz-Weiß. Vielmehr möchte ich, dass ihr Spaß habt mit der Permakultur, und euch mit Beispielen aus der Praxis motivieren, Ähnliches zu tun oder euch inspirieren zu lassen, um etwas Eigenes in die Welt zu bringen.

In diesem Buch gibt es nicht nur viele spannende Tipps, wie ihr eure Fensterbänke, Balkone oder Vorgärten gestalten könnt. Vielmehr möchte ich euch Möglichkeiten noch aus anderen Bereichen an die Hand geben. Wie können wir in der Stadt nicht nur nachhaltig, sondern auch glücklich, in Verbundenheit und miteinander leben?

Einst sagte mir jemand am Lagerfeuer: »Es bringt gar nichts, sich ständig wegen der Klimakrise aufzuregen, wir sollten lieber Mutter Natur feiern und genießen.« Ehrlich gesagt war ich nach dieser Aussage tagelang verärgert, war ich doch voller Motivation, die Welt zu retten mit »meiner Permakultur«. Aber irgendwann hatte ich verstanden. Wir können dabei nämlich auch Spaß haben und die Geschenke der Natur wertschätzen und genießen. Wenn ihr sie noch nicht gesehen habt, empfehle

Bild links: Den Wandel in die Hand nehmen: Eine junge Laufente wird in ein Getreidefeld entlassen, um dort im Frühling und Sommer Fraßfeinde einzuhegen

ich euch, die Filme »Tomorrow« und »But Beautiful« anzuschauen. Denn genau dieses Lebensgefühl hoffe ich, euch mit diesem Buch mitteilen zu können. Dass ihr Spaß daran habt, mit anderen im Gemeinschaftsgarten zu buddeln, auf Komposthaufen zu springen und beim Abendessen euer selbst gemachtes Kimchi zu genießen. Geht auf die Straße, zeigt euch, tretet gegen Missstände auf, setzt euch für eine nachhaltige, friedvolle und lebenswerte Zukunft ein, aber vergesst nicht: Spaß dabei haben!

Städtezuwachs und Landflucht

In den letzten Jahrzehnten hat die Urbanisierung weltweit rapide zugenommen. Während im Jahr 1950 nur etwa 30 Prozent der Weltbevölkerung in Städten lebten, sind es heute bereits mehr als 55 Prozent. Insbesondere in Ländern mit einer schnell wachsenden Bevölkerung und einer rasanten Industrialisierung wachsen die Städte stark.

Diese Entwicklung hat Auswirkungen auf die Umwelt und die Klimakrise. Der massive Zuzug von Menschen in die Städte führt zu einem hohen Verbrauch von Energie, Wasser und anderen Ressourcen, was wiederum zu einer erhöhten Emission von Treibhausgasen und zu anderen Umweltbelastungen führt. Allein der Bau von neuen Gebäuden und Infrastrukturen sowie der Ausbau von Verkehrsnetzen benötigt enorme Mengen an Rohstoffen und Energie.

Allerdings bieten Städte auch die Chance, innovative Lösungen für die Bekämpfung der Klimakrise zu entwickeln. Viele Städte setzen sich aktiv dafür ein, ihre Emissionen zu reduzieren, indem sie beispielsweise erneuerbare Energien fördern, den öffentlichen Verkehr ausbauen oder den Energieverbrauch von Gebäuden senken. Darüber hinaus können Städte auch durch ihre dichte Bebauung und kurze Wege eine nachhaltige Lebensweise fördern.

Nach uns die Sintflut?

Die Frage ist nicht mehr, wie wir unseren eigenen Bedarf kurzfristig decken, sondern wie wir die Welt so gestalten können, dass auch die nächsten sieben Generationen noch eine lebenswerte Umwelt vorfinden.

Einfach mal den Wandel selbst in die Hand nehmen!

Hitze in der Stadt

Die Klimakrise macht sich auch in Form von zunehmender Hitze in den Städten bemerkbar. Hitze wirkt sich nicht nur auf die Gesundheit der Menschen negativ aus, sondern auch auf die Umwelt.

Eine der Hauptursachen für die Hitze in der Stadt ist der hohe Anteil an versiegelter Fläche. Asphalt und Beton absorbieren Wärme und geben sie langsam wieder ab, wodurch sich das Mikroklima in Städten deutlich erwärmt. »Urban Heat Islands« (UHI) – städtische Wärmeinseln – entstehen, wenn sich bestimmte Stadtgebiete besonders stark erhitzen.

Diese Hitze kann zu einer Verschlechterung der Luftqualität und zu einer erhöhten Ozonbelastung führen, was besonders für Menschen mit Atemwegserkrankungen gefährlich sein kann. Hitzestress ist insbesondere auch für ältere Menschen, Kinder und Menschen mit chronischen Erkrankungen gefährlich.

Um den Effekt der Urban Heat Islands zu reduzieren, gibt es verschiedene Ansätze. Eine Möglichkeit ist die Förderung von Grünflächen in der Stadt, von Parks und Gärten. Diese können dazu beitragen, die Lufttemperatur zu senken. Auch begrünte Dächer und Fassaden haben einen positiven Effekt.

Eine weitere Möglichkeit ist die Verwendung von reflektierenden Materialien auf Straßen und Gebäuden. Diese Materialien reflektieren das Sonnenlicht und reduzieren so die Wärmeabsorption. Auch nachhaltige Verkehrsmittel wie Fahrräder und öffentlicher Verkehr können dazu beitragen, den individuellen Autoverkehr zu reduzieren und damit die Hitzeentwicklung in der Stadt zu dämpfen.

Wir müssen uns bewusst sein, dass unsere Handlungen heute Auswirkungen auf kommende Generationen haben. Um eine enkeltaugliche Zukunft zu schaffen, sollten wir unser Denken und Handeln grundlegend ändern. Wir müssen uns von einem kurzfristigen Gewinnstreben lösen und uns auf langfristige Lösungen konzentrieren.

Das bedeutet beispielsweise, dass wir uns nicht nur auf die Reduktion von Treibhausgasemissionen konzentrieren, sondern auch auf den Erhalt der Artenvielfalt, den Schutz von Wäldern und die Erhaltung der Böden. Wir sollten uns Gedanken darüber machen, wie wir unsere Ressourcen effizient nutzen und den Verbrauch unnötiger Konsumartikel reduzieren können.

Nach uns die Sintflut?

Eine enkeltaugliche Zukunft erfordert eine Zusammenarbeit auf globaler Ebene. Wir müssen uns alle als Teil einer globalen Gemeinschaft verstehen und gemeinsam an Lösungen arbeiten. Hierbei sollten auch diejenigen Länder und Unternehmen Verantwortung übernehmen, die bislang wenig oder gar nichts zur Bekämpfung der Klimakrise beigetragen haben.

Letztendlich geht es darum, gemeinsam daran zu arbeiten, eine Welt zu schaffen, die für alle Lebewesen auf diesem Planeten eine Zukunft bietet:

* Für lebendigen Boden: Um den Verlust der Humusschicht und die Bodenerosion zu stoppen, müssen wir unsere Landnutzung überdenken und auf nachhaltige Methoden umsteigen, die den Boden schützen und seine Gesundheit fördern. Dazu gehören unter anderem die Förderung von Agroforstwirtschaft, Fruchtfolgen und die Vermeidung von Überweidung.
* Für reines Wasser: Auch mit Wasser sollten wir sparsam und nachhaltig umgehen. Dazu gehört zum Beispiel, die Wasserversorgung zu schützen, Regenwasser sinnvoll zu nutzen und Wasser zu recyceln.
* Für eine nachhaltige Ernährung: Um eine nachhaltigere Landwirtschaft und Ernährung zu erreichen, müssen wir die ökologische Landwirtschaft, die den Einsatz von Chemikalien reduziert und stattdessen auf natürliche Ressourcen setzt, fördern. Auch der Verzicht auf Fleisch oder zumindest eine Reduktion des Fleischkonsums kann dazu beitragen, den Druck auf die Landwirtschaft und die Regenwälder zu verringern. Darüber hinaus sollten wir uns auf die Förderung von lokaler und saisonaler Ernährung konzentrieren, um den Transport von Lebensmitteln zu reduzieren und damit die Treibhausgasemissionen zu verringern.
* Für umweltfreundliche Mobilität: Um den Einfluss der Mobilität auf die Klimakrise zu verringern, müssen wir uns auf eine nachhaltigere Mobilität konzentrieren. Eine Möglichkeit ist die Förderung von öffentlichem Verkehr. Auch der Einsatz von alternativen Antriebstechnologien wie Elektrizität oder Wasserstoff kann dazu beitragen, den Verkehr umweltfreundlicher zu gestalten. Das gelingt auch, wenn Radverkehr gefördert wird und attraktive Fußgängerzonen geschaffen werden. Auch die Förderung von Homeoffice und die Vermeidung unnötiger Geschäftsreisen können dazu beitragen, den Verkehr zu reduzieren.
* Für effizienten Bau: Eine Möglichkeit, den Einfluss von Gebäuden auf die Klimakrise zu reduzieren, ist die Förderung von energieeffizienten Gebäuden. Nachhaltige Baumaterialien, Solarenergie oder Wärmedämmung sind Beispiele. Auch die Verbesserung der Energieeffizienz bestehender Gebäude kann dazu beitragen, den Energieverbrauch und damit die Treibhausgasemissionen zu reduzieren.

Bild folgende Doppelseite:
Eine Baumscheibe wird bepflanzt – die jungen Sträucher warten schon

Einfach mal den Wandel selbst in die Hand nehmen!

Eine schönere Welt ist möglich!

In mir und vielleicht auch in vielen von euch schlummert der Wunsch nach einer Selbstversorgung. Was ist damit gemeint?

Ein Selbstversorger erschafft zu einem großen Teil die materiellen Grundlagen seines täglichen Lebens selbst, statt auf die Produkte des Handels zurückzugreifen. Im Zentrum steht der Anbau von Nahrungsmitteln, deren Vorratshaltung sowie die Herstellung von Gebrauchsgütern für die Bewältigung des Alltags. Das Bedürfnis nach der eigenständigen Beschaffung aller Komponenten für den Lebensunterhalt ist so alt wie die Menschheit selbst und lebt nach wie vor tief in vielen von uns.

Was aber tun, wenn du in einer Dreizimmerwohnung mitten in der Stadt lebst? Wieder aufs Land? Mit Garten? Nur noch Homeoffice und Garten? Ich will dich motivieren, genau da, wo du gerade bist, in der Stadt in einer Kellerwohnung, am Stadtrand in einem Haus mit kleinem Vorgarten oder in einem Hochhaus mit Balkon, wieder für deine »Selbst«-Versorgung aktiv zu werden und diese zu sichern.

Und mit »Versorgung« ist nicht nur unsere Nahrung gemeint – ja, ich möchte dich zu einem viel größeren Blickwinkel ermutigen. Wie sieht es zum Beispiel mit Energie aus? Oder mit Mobilität? Oder mit dem sozialen Miteinander? Selbstversorgung ist für mich eine ganzheitliche Betrachtung.

Ich möchte dir zeigen, wie du in der Stadt eine nachhaltige Lebensweise erreichen kannst, ohne dich mit Verboten zu belasten – dich motivieren, einfach loszulegen, egal, welche Vorkenntnisse du hast. Als ich begann, mich mit Permakultur zu befassen, wollte ich am liebsten gleich wieder raus aus der Stadt und viel Land besitzen, um alles anzupflanzen, was in den Büchern steht. Aber oft haben wir in der Stadt eben nicht die Möglichkeit, um zum Beispiel einen Kartoffelacker anzulegen. Oft haben wir nur ein paar Fensterbänke und nicht mal einen Balkon. Aber auch hier ist Permakultur möglich. Und genau darum geht es in diesem Buch. Lasst uns Permakultur leben, egal, wo wir unser Zuhause haben. Lasst uns teilen, Ressourcen schonen und uns gegenseitig wieder mehr kennenlernen. Lasst uns wieder eine Verbindung zu unserem täglichen Essen und den Jahreszeiten entwickeln.

Vieles in diesem Buch stammt aus meinem persönlichen Leben, Permakultur, die ich Tag für Tag lebe. Manches sind auch Zukunftsvisionen oder Beispiele von Kollegen, Freunden oder Initiativen aus anderen Städten. Wie heißt es so schön? Der beste Zeitpunkt, einen Baum zu pflanzen, war vor zehn Jahren. Der zweitbeste Zeitpunkt ist genau heute. Lasst uns schauen, wie wir das als Städter machen!

Andreas Telkemeier

Permakultur – was ist das eigentlich?

Immer wenn ich gefragt werde, was denn Permakultur ist, muss ich an meine Ausbildung zum Permakultur-Designer denken. Unsere Tutoren hatten uns ein Beispiel einer Kollegin gezeigt, die bei einem Interview auf die Frage, was denn Permakultur sei, erst mal mit Schweigen geantwortet hatte und einigen ähm ... ähm ... Aber warum? Nun, weil Permakultur sehr komplex ist. Sie ist nicht nur ein Konzept, sondern eine Lebensweise.

Wir hatten dann die Aufgabe, einen sogenannten »Elevator Pitch« zu machen. Damit ist die Situation gemeint, dass du im Aufzug deinem Konzernchef begegnest und genau 15 Sekunden Zeit hast, positiv mit Deiner Idee in seinem Gedächtnis zu bleiben. Und wir hatten die Aufgabe, in 15 Sekunden die Permakultur zu erklären. Von uns 23 Teilnehmern gab es 23 verschiedene Erklärungen. Mal war sie auf den Ursprung der »Erfinder« bezogen, mal auf Gartensysteme, mal auf Ethik, mal auf die Lebensweise.

Was Permakultur alles beinhaltet

Gerne verwende ich in meinen Kursen die »Permakultur-Blume« nach David Holmgren, um Teilnehmern aufzuzeigen was Permakultur alles beinhaltet. Meist kommen Teilnehmer in Permakultur-Kurse, um Gartenpraxis zu erlernen. Welche Pflanze passt zu welcher Pflanze? Was kann ich »gegen« Schnecken tun? Bei der Permakultur sieht alles so schön üppig aus, das will ich auch! Permakultur wird also häufig auf die sogenannte »grüne Permakultur« reduziert. Aber sie bietet noch viel mehr. Und dies ist für unsere »Selbstversorgung« in der Stadt sehr wichtig.

Die Permakultur-Blume habe ich irgendwann in einen Baum umgewandelt, um es noch besser veranschaulichen zu können. Denn der Baum ist abhängig von seinem Wurzelwerk, und er möchte wachsen, einen kräftigen Stamm entwickeln und viele Äste bilden, die Früchte tragen können.

Daher möchte ich euch nun den »Permakultur-Baum« vorstellen.

Bild links: Permakultur ist eine Art, zu leben –
den Wert der Natur schätzen zu lernen und neue Definitionen für Reichtum zu finden

Permakultur-Baum

Krone (Lebensbereiche)

- Bildung und Kultur
- Werkzeuge und Technologien
- Gesundheit und Wohlbefinden
- Gebaute Welt
- Finanzen und Wirtschaft
- Verantwortlicher Umgang mit Land und Natur
- Politik, Gemeinschaft und Soziales

Stamm (Gestaltungsprinzipien)

- Randzonen und Grenzen nutzen
- Kleine und langsame Lösungen nutzen
- Vom Muster zum Detail gestalten
- Erneuerbare Ressourcen nutzen
- Ertrag erwirtschaften
- Beobachten und Interagieren
- Kreativ auf Veränderung reagieren
- Vielfalt nutzen und schätzen
- Mehr Integration statt Abgrenzung
- Keinen Abfall produzieren
- Selbstregulation und Feedback nutzen
- Energie speichern und sammeln

Wurzeln — Ethik

- Sorge für die Erde: earth care
- Sorge für die Menschen: people care
- Begrenze Wachstum und Konsum, verteile Überschüsse: fair share

Die Wurzel des Baumes – die Ethik

Die Wurzel oder der ursprüngliche Samen des Permakultur-Baumes steht für die Ethik der Permakultur. Allem Denken, Planen und Umsetzen geht die Ethik voraus. Die Ethik betrachte ich als Herzstück der Permakultur. Ich vergleiche sie mit einem Samen, aus dem heraus das Leben entsteht.

Dieser ist: »Sorge für die Erde« (earth care), »Sorge für die Menschen« (people care) und »Gerechtes Teilen und Selbstbeschränkung« oder »Begrenze Wachstum und Konsum, verteile Überschüsse« (fair share).

Diese Ethik sollte bei jedem Design oder bei jedem Projekt Leitlinie sein und nie übergangen werden. Es ist keine Permakultur, wenn wir nur das Land umgestalten, damit alles in Fülle wächst, aber den Ertrag nicht teilen oder die Menschen ausbeuten oder ihr Land stehlen. Die Ethik ist das Wurzelwerk der Permakultur und essenziell wichtig. Ein Baum benötigt stabile Wurzeln, sonst wird er im Sturm fallen.

Sorge für die Erde – earth care

Diese Säule betont, dass die Erde als Ganzes mit allem Leben auf ihr wertvoll ist.

Sie fordert uns auf, Lebensmöglichkeiten für alle Lebewesen zu erhalten, unabhängig davon, ob wir Menschen einen Nutzen aus ihrem Dasein ziehen.

Als Designer stelle ich mir im Planungsprozess oft die Frage: »Ist das, was ich da vorhabe, gut für die Erde?« Denn jedes Element, das wir einfügen oder verändern, ist Teil eines großen, komplexen und manchmal zunächst kaum greifbaren Gebildes. Wenn wir dort nur eine Kleinigkeit verändern, gibt es eine ganze Kette von Dingen, die beeinflusst werden. Und dies muss »gut für die Erde« sein!

Nach einiger Zeit hat man diese Frage schon so sehr verinnerlicht, dass man sich ihr fast automatisch zuwendet, denn wir sind in diesem Geist unterwegs. So werden unsere Handlungen irgendwann nur noch in die Richtung gehen, dass wir Gutes für die Erde tun.

Natürlich geht es hier auch um den direkten Bezug zur Natur, in der die »grüne« Permakultur viele Bereiche und Aspekte berührt. Wir sorgen für ein Stück Erde, das uns Nahrung gibt und dementsprechend pfleglich behandelt werden sollte und nicht nur wegen des Profits ausgebeutet wird.

Sorge für die Menschen – people care

Diese Säule betrachtet uns als Menschen. Wir selbst müssen gesund und genährt sein, um zum großen Ganzen beitragen zu können. Wir beachten unsere Bedürfnisse und sorgen auf solidarische und respektvolle Weise für diese Bedürfnisse.

Bild links: Der Permakultur-Baum

Es ist wichtig, zu erkennen, dass wir soziale Wesen sind. Oft spüren wir es im Alltag nicht, da unsere Umgebung auf Konkurrenz und Wettbewerb ausgelegt ist. Wir beschimpfen uns beim Autofahren, wir schauen nur nach unserem Vorteil beim Einkaufen, wir wollen die meiste Anerkennung vom Chef und so weiter. Doch wie wäre es, dies mal andersherum zu machen? Probiert doch mal aus, euch einen Tag lang zu ertappen. Euren Gewohnheiten auf die Schliche zu kommen. Wo bin ich in Konkurrenz und nicht in Kooperation? Und genau in diesen Situationen könnt ihr es dann einmal anders machen. In Kooperation gehen und Sorge für andere Menschen tragen. Wahrscheinlich werdet ihr euch erfüllt und genährt fühlen und nicht noch stundenlang frustriert, weil die Kollegin heute mehr Lob im Büro bekommen hat.

Begrenze Wachstum und Konsum, verteile Überschüsse – fair share

Uns muss bewusst sein, dass wir nicht unbegrenzte Ressourcen auf diesem Planeten haben. Wir müssen uns hinterfragen und erläutern, was genug ist. Für jeden einzelnen von uns, aber auch für uns als Menschheit. Wir leben in einer Zeit des ständigen Konsums und einer Wegwerfgesellschaft. Unser System ist auf ständiges Wachstum ausgelegt und muss dringend hinterfragt und verändert werden.

Es gibt Überschüsse, zum Beispiel in der Lebensmittelproduktion, und diese gilt es, gerecht zu verteilen. Aber auch sich selbst kritisch zu hinterfragen: Was brauche ich wirklich? Nicht nur Überschüsse gilt es gerecht zu verteilen. Auch Wissen können wir weitergeben und für andere verfügbar machen. Vielleicht bist du Elektroingenieur und kannst Wissen und deine Fertigkeiten in einem Repaircafé an andere weitergeben und nützliche Dinge reparieren (siehe Seite 81). Oder es gibt etwas, für das du eine Leidenschaft entwickelt hast und dies gerne in die Welt bringst. Mein Tipp: Tue es einfach! Meist steht Wachstum oder Kapital im Vordergrund, wenn wir eine Leistung oder ein Produkt weitergeben oder verkaufen wollen. Die meisten Konzerne nehmen das Wachstum und das Kapital als Bemessungsgrundlage von Erfolg. Aber warum genügt es nicht, einfach kostendeckend zu arbeiten, Spaß dabei zu haben, anderen mit unserem Produkt Gutes zu tun und ein Beitrag für eine erfüllte und liebevolle Welt zu sein? Ich durfte schon einige Menschen kennenlernen, die sich so verhalten und nach diesen Werten leben, und ihnen geht es gut. Das Ehrenamt geht schon grob in diese Richtung.

Der Ursprung der Permakultur

Die Australier Bill Mollison und David Holmgren entwickelten das ursprüngliche Konzept der Permakultur in den 1970er-Jahren in Australien. Bill Mollison erhielt dafür 1981 den Alternativen Nobelpreis.

Die beiden suchten mit wissenschaftlichen Mitteln nach Ansätzen für eine zukunftsfähige Landwirtschaft. Sie beobachteten und analysierten weltweit Landnutzungsformen, die im Einklang mit der Natur die Bodenfruchtbarkeit schonen und aufbauten, kaum Abfall erzeugten und die Artenvielfalt erhöhten. Aus ihren Beobachtungen entstand ein Konzept, die Landwirtschaft nach dem Vorbild natürlicher Ökosysteme zu gestalten. Als Namen dafür setzten sie die Begriffe »permanent« und »agriculture« zusammen, und es entstand der Begriff »Permaculture«.

Mollison und Holmgren ließen sich inspirieren von Naturvölkern, alten Kulturtechniken und fortschrittlichen Praktikern in der Landwirtschaft wie zum Beispiel von Masanobu Fukuoka (siehe auch Seite 39). Dieser japanische Bauer entwickelte seit den 1950er-Jahren eine ortsangepasste Anbauweise ohne Bodenbearbeitung, ohne synthetische Dünger, ohne Unkrautbekämpfung und ohne Abhängigkeit von Chemikalien. Diese von ihm »natürliche Landwirtschaft« genannte Methode war eine starke Inspiration zu Beginn der Permakultur und ist es bis heute.

Es dauerte nicht lange, bis klar wurde, dass es für eine wirkliche Zukunftsfähigkeit mehr braucht als eine lebenserhaltende Landwirtschaft. So entwickelte sich das Bild einer dauerhaften oder nachhaltigen Landwirtschaft zu einer Vision der dauerhaften oder nachhaltigen Kultur. »Die Permakultur fasst die verschiedenen wiederzuentdeckenden und weiterzuentwickelnden Ideen, Fertigkeiten und Lebensweisen zusammen, die uns dazu ermächtigen, uns von abhängigen Konsumenten zu verantwortungsvollen, produktiv gestaltenden Bürgern zu entwickeln.« (David Holmgren in »Permakultur – Gestaltungsprinzipien für zukunftsfähige Lebensweisen«)

Permakultur ist eine Gestaltungspraxis, die Werkzeuge und Methoden aus verschiedenen Kulturen und Bereichen nutzt, um unsere Gesellschaften hin zu mehr Nachhaltigkeit zu verwandeln.

Was Permakultur alles beinhaltet

Der Stamm der Baumes – die Permakultur-Prinzipien nach David Holmgren

Aus dem Samen des Permakultur-Baums erwachsen die zwölf Gestaltungsprinzipien der Permakultur – der Stamm des Baumes. Ursprünglich befassten sich diese Gestaltungprinzipien mit dem Aufbau, der Pflege und Hüterschaft des Landes und der Natur. Heute finden sie Anwendung auch in vielen weiteren Bereichen, die mit Ressourcen, Energie und Organisation des menschlichen Lebens zu tun haben.

Die Permakultur-Prinzipien dienen als Leitfaden, als Werkzeug für ein Leben in einer nachhaltigeren Welt. Sie sind anwendbar auf die Gestaltung eines Gartens, eines Balkons, des eigenen Lebens und viel mehr. Auch in der Wirtschaft und Politik könnten und werden sie (hoffentlich) als Gestaltungsprinzipien gewählt werden. Irgendwann merkt ihr selbst, wann welches Prinzip in eurem Alltag auftaucht. Oder ihr steht vor einer besonderen Entscheidung, zum Beispiel Berufswechsel oder Kauf einer neuen Waschmaschine. Und dazu nehmt ihr euch dann die Prinzipien zur Hand, um eine nachhaltige Entscheidung treffen zu können. Die Prinzipien dienen nicht nur als Entscheidungshilfe. Sie sind auch eine weitere Grundsäule der Permakultur.

Prinzip 1: Beobachte und interagiere

Bei diesem Prinzip geht es um das Beobachten. In Workshops erzähle ich gern, dass wir Permakultur-Gärtner eigentlich faule Gärtner sind. Denn im Idealfall besteht das »Gärtnern« zu 80 Prozent aus Beobachtung und zu 20 Prozent aus Arbeiten. Dies kommt daher, weil wir uns viel Zeit nehmen für Beobachtung und Analyse des Standortes. Was wächst da alles? Wie sind die Lichtverhältnisse? Welcher Boden ist da? Welche besonderen Eigenschaften hat der Platz? Ich rate immer, sich viel Zeit für dieses Prinzip und diese Phase zu nehmen. Je genauer du deinen Standort kennst, desto einfacher werden die Umsetzung und vor allem die spätere Instandhaltung deines Grundstückes. Und Ziel ist es schließlich auch, so naturnah wie möglich zu gestalten. Also nimm dir die Zeit und die Ruhe und lerne den Ort kennen. Auch in der Stadt ist das wichtig. Wie sind zum Beispiel deine täglichen Routinen? Deine häufigsten Wege? Permakultur ist nicht nur rationales Denken. Oft spüren und fühlen wir den Ort viel besser, als wie wir ihn im Denken erfassen.

Wir können nicht alles kontrollieren und verändern und sollten stets achtsam sein, wenn wir große Eingriffe in die Natur planen. Meist wollen wir, dass es schnell geht. Ich bin selbst so ein Mensch, der, wenn er eine Vision hat, sie am liebsten sofort umsetzen will. Und auch ich muss mich dann immer wieder bremsen und mir die Zeit für eine ruhige und achtsame Beobachtung nehmen.

Prinzip 2: Sammle und speichere Energie

Hier geht es darum, Energie möglichst lange im System zu halten. Zum Beispiel in Form von Holz. Mögliche Energiequellen sind unter anderem: Sonne, Wasser, Wind, Biomasse, Abfälle, Samen, aber auch Wissen, Fähigkeiten und alte Kulturtechniken. Im Garten wähle ich gern den Kompost als Beispiel: Dort wird Energie in Form von Biomasse gesammelt und für die nächste Gartensaison gespeichert. Auch auf dem Balkon können wir Energie sammeln in Form von Pflanzen, die das Sonnenlicht, Regenwasser und Kohlendioxid aufnehmen. Ein Ziel der Permakultur ist es, dass ein System in sich stabil ist und keine Energie verliert.

Prinzip 3: Erwirtschafte einen Ertrag

Einen Ertrag zu erzielen, um die Bedürfnisse von uns als Menschen zu erfüllen, ist eines der Kernelemente der Permakultur. Ein Ertrag ist nicht nur das Gemüse, das wir im Garten ernten, ein Ertrag ist auch Biomasse wie Kompost, Holz, Laub oder finanzielle Mittel. Auch Wissen ist ein Ertrag. Ihr seht, dass der Ertrag vielfältig ist und ganzheitlich (ökonomisch, ökologisch, sozial) sein sollte. Eine Kernfrage der Permakultur lautet: Ist mein System selbsterhaltend und wirft es Ertrag ab oder muss ich ständig einen Input geben?

Beim Wirtschaften im geschlossenen Kreislauf geht nichts verloren

Prinzip 4: Nutze Selbstregulation und Feedback

Ein Ziel der Permakultur ist es, Systeme zu schaffen, die sich selbst erhalten und selbst regulieren. Geschlossene Kreisläufe, die aus sich heraus ein positives Feedback erzielen. Als Beispiel sei hier der Anbau von mehrjährigen Pflanzen genannt, die über die Jahre ein sich selbst regulierendes System entwickeln, keinen oder wenig Input brauchen, aber einen Ertrag abwerfen, der dem System nichts entzieht. Sich selbst regulierende Systeme sind weniger anfällig für äußere Einflüsse und sorgen für Stabilität und Gleichgewicht des Gesamtsystems.

Prinzip 5: Nutze erneuerbare Ressourcen und Dienstleistungen

David Holmgren hat oft Bezug auf eine große Herausforderung genommen, den Peak-Oil. Das ist der Punkt, an dem wir die maximale Verfügbarkeit der Ressource Erdöl überschritten haben und nun Richtung Ende der Verfügbarkeit schreiten. Daher ist es wichtig, den Umstieg so früh wie möglich zu gestalten und auf erneuerbare Ressourcen umzustellen. Wir stecken mitten in der Energiewende und auch ein Ende der Kohleindustrie zeichnet sich hierzulande erfreulicherweise ab.

Mit erneuerbaren Ressourcen sind aber auch folgende Elemente gemeint: Pflanzen – als Energiequelle, Baumaterial oder zur Bodenverbesserung –, Tiere – als Zugtiere, Rückepferde, Hütehunde, Hühnertraktor oder lebendiger Boden. Lebendiger Boden ist auch in der Stadt möglich. Bei mir auf dem Balkon steht ein großes Hochbeet und auch dort ist mittlerweile ein humoser und lebendiger Boden entstanden mit Würmern, Nützlingen und sich selbst regulierenden Pflanzen.

Hier stellen wir uns die Fragen: Ist mein System von nichtbiologischen Ressourcen abhängig? Basiert es auf geschlossenen Kreisläufen? Nutze ich Ressourcen, die ungenutzt verpuffen würden, zum Beispiel Küchenabfälle oder Kompost? Und ganz wichtig ist, dem System nie mehr zu entnehmen, als zum Beispiel nachwachsen kann.

Prinzip 6: Produziere keinen Abfall

Was ist eigentlich Abfall? In der Natur gibt es keinen Abfall, nur Austausch und Kreisläufe. Abfall ist ein Output, der nicht vom System genutzt wird, eine Ressource, die am falschen Platz ist. Zur »Abfall«-Minimierung verwenden wir die »5 R«:

* refuse (Vermeiden): Kaufe das Produkt oder den Konsumartikel gar nicht erst oder weise es zurück. Hänge zum Beispiel in der Stadt ein Schild an den Briefkasten mit »Keine Werbung«, um die Verschwendung der Ressource Papier und Plastikverpackung zu vermeiden.
* reduce (Reduzieren): Reduziere deinen Verbrauch und Gebrauch bestimmter Produkte. Frage dich vor jedem Kauf: »Brauche ich das wirklich?«
* reuse (Wiederverwenden): Verwende das Produkt weiter. Beispiele dafür sind Secondhandkleidung oder die Umwandlung alter ungebrauchter Gegenstände, um etwas Neues daraus zu zaubern. Oder auch gebrauchte Gläser mit Twist-Off-Deckeln für selbst gekochte Marmelade zu verwenden.
* repair (Reparieren): Repariere das Stück (zum Beispiel in einem Repaircafé) und kaufe möglichst nur reparaturfreudige Produkte. Es gibt zum Beispiel Smartphone-Hersteller, die Wert auf die Möglichkeit der Eigenreparatur legen und Einzelteile sowie Montagehilfen anbieten.
* recycle (Wiederaufbereiten): Verwerte das Produkt, wenn es seine Funktion nicht mehr erfüllt, und führe es ganz oder Teile davon in den Kreislauf zurück. Im Idealfall kannst du es kompostieren.

Prinzip 7: Gestalte vom Muster zum Detail

Merke: Zuerst kommt die Vision und dann kommen die Details. Bei der Gestaltung unseres Gartens schauen wir auch erst auf das Muster, ein Blick von oben wie ein Vogel in der Luft. Wir erkennen natürliche Ökosysteme, wie zum Beispiel Wald oder Grasland als vorherrschendes Muster, und gehen anschließend in die Details wie Mikroklima, Zonen, Gefälle oder Sektoren. Meist ist ein funktionierendes System Teil eines komplexen übergeordneten Systems, und diese Systeme gilt es zu verstehen. Permakultur besteht oft aus vielen komplexen Systemen, die in Wechselwirkung zueinander stehen. Und hier gilt es, zunächst die Muster zu entdecken und anschließend die Details.

Eine selbst gezogenen Aubergine und ein Pilz, der neuen Boden entstehen lässt – schätzen wir die Vielfalt!

Prinzip 8: Integriere mehr, statt abzugrenzen

Hier hebe ich gerne hervor, Beziehungen zu fördern. Auch die Beziehung zu unseren Nachbarn – unsere Nachbarn als Ressourcen zu integrieren und sich zum Beispiel Werkzeuge teilen oder gemeinsame Flächen nutzen. Ein integriertes Element kann in einem System eine Funktion erfüllen – ganz anders, als wenn wir dieses Element ausgrenzen oder »bekämpfen« würden. Wenn dann eine wichtige Funktion in einem System durch mehrere Elemente abgedeckt wird – und nicht nur durch ein einziges Element allein –, wird das System stabiler. Zum Beispiel: Vogelmiere nicht als Unkraut sehen, dann bereichert sie den Salat, bedeckt den Boden, dient den Tieren. Die Natur lebt es uns in Form von Symbiosen vor, zum Beispiel zwischen Pilzen und Bäumen.

Prinzip 9: Nutze kleine und langsame Lösungen

Kleine Lösungen in der Gemüseversorgung sind unter anderem die »MarketGarden«-Bewegungen, die Marktgärtnereien. Sie produzieren auf kleinem Raum besonders intensiv, effektiv und vielfältig – mit Vertrieb über Direktvermarktung. Langsam wachsende Systeme, wie zum Beispiel das System Waldgarten, sind im Durchschnitt stabiler und effektiver als schnell wachsende. Eine Kernfrage, die wir uns hier stellen, ist: Kann ich mein Bedürfnis auf noch kleinerer Fläche befriedigen? Den Einsatz weiter verringern und das Ergebnis halten? Oder den Einsatz halten und das Ergebnis weiter verbessern? Und ganz essenziell ist: Lass die Natur für dich arbeiten.

Prinzip 10: Nutze und schätze die Vielfalt

Vielfältige Systeme haben meist eine höhere Anpassungsfähigkeit gegenüber Störungen. So ist zum Beispiel ein System aus Monokulturen enorm gefährdet und anfällig für Krankheiten. Leider gibt es zum Beispiel immer weniger Sorten an biologischem Saatgut und wir sollten die Firmen unterstützen, die Sortenraritäten vermehren und erhalten. Wichtig ist es auch, die Anzahl der Verbindungen zwischen den Elementen zu fördern und nicht allein nur die Anzahl der Elemente. In der Stadt bedeutet das auch, die Vielfalt kleiner Unternehmen, lokale Währungen, lokale Nahrungsversorgung und lokale Energieversorgung zu fördern.

Prinzip 11: Nutze Randzonen und Grenzen

Wo zwei angrenzende Systeme aufeinandertreffen, ist die Vielfalt höher, zum Beispiel am Waldrand oder am Ufer eines Gewässers. Diese Bereiche sind diverser und produktiver, weil die Ressourcen aus beiden Systemen verfügbar sind. Sie können bewusst vergrößert werden, zum Beispiel beim Agroforstsystem, wo wir bewusst Elemente des Waldes, also Bäume und Heckenstreifen, mit den Elementen des Ackerbaus kombinieren. Auch der Heckenstreifen aus Wildobst oder Totholz ist eine geplante Randzone, in der eine enorme Biodiversität herrschen kann. In einer Stadt gibt es meist Stadtteile, wo der Anteil an Menschen mit Migrationshintergrund höher ist als in anderen Stadtteilen. In diesen Stadtteilen treffen auch Randzonen aufeinander und es entstehen Vielfalt und ein buntes Leben. Ich freue mich immer wieder über Rezepte, Erfahrungen, duftende Gewürze und Lebensfreude in Gemeinschaftsgärten, in denen alle Kulturen zusammenkommen.

Prinzip 12: Reagiere kreativ auf Veränderung

Lebendige Systeme sind flexibel und oft im Wandel und dies sollte uns bewusst sein. Fast nichts ist für die Ewigkeit und es entstehen immer wieder neue Herausforderungen und auch Chancen. In der Stadt fahren wir nicht mehr mit der Kutsche. Das war sicherlich mal eine große Herausforderung für den Berufszweig des Kutschers. Heute gibt es dafür andere Berufe in der Mobilität und irgendwann wird es wieder andere geben. Da gilt es, kreativ auf diese Veränderung zu reagieren. Im Garten nutzen wir bewusst die Sukzession und den Drang der Natur, sich weiterzuentwickeln.

Das Astwerk des Permakultur-Baumes

Hier folgt ein kleiner Auszug aus Bereichen, wo die Permakultur Verwendung findet oder »Permakultur-Menschen« (oft auch »Permies« genannt) tätig sind – das Astwerk des Permakultur-Baumes, wobei dieses Astwerk natürlich erweiterbar ist. Ich möchte euch Bereiche und Themen aufzeigen, kurz darauf eingehen und euch motivieren, euch vielleicht intensiver mit dem einen oder anderen Thema zu befassen. Zu vielen Bereichen gibt es vertiefende Fachliteratur und manche haben eigene Bewegungen und Initiativen.

Mir ist erst einmal wichtig, zu zeigen, wie komplex und weitreichend die Permakultur ist, um sie in ihrer Ganzheitlichkeit verständlich zu machen. Meine Idee dahinter ist, dass jeder Bereich ein Ast mit vielen kleinen Verzweigungen ist. Und wenn wir uns mit einem Thema intensiver befassen, es anwenden oder weiter vertiefen, werden auch der Ast und das Laub daran größer, vielfältiger und stabiler.

Grüne Permakultur in der Stadt

Dies ist die klassische »grüne Permakultur«. In diesem Bereich befassen wir uns mit einem verantwortlichen Umgang mit Land und Natur. Einige Beispiele dafür sind:
* organische, biodynamische Landbewirtschaftung
* Hausgärten, Balkongärten, Gemeinschaftsgärten, Kleingärten
* Saatgutpflege und Erhaltung von Saatgut
* Waldgärten, Agroforst, Market Garden
* Stadtgärten, städtische Grünflächen
* ganzheitliche Weidewirtschaft
* Aquakulturen

Gebaute Welt

Bei der gebauten Welt geht es um die Gestaltung unseres Wohnumfeldes und alles, was dies mit einschließt, so auch Initiativen, die sich mit autarkem Wohnen oder der Kreislaufwirtschaft befassen. Einige Beispiele dafür sind:
* Tiny-House-Bewegungen
* Lehmhäuser und Strohballenhäuser
* Wasserversorgung und Speicherung sowie Aufbereitung von Wasser
* Mobilität und Infrastruktur
* natürliche Baumaterialien

Bevor es losgehen kann, dürft ihr Ideen und Visionen sammeln

Werkzeuge und Technologien

Hier geht es darum, alte und moderne Technologien zu erforschen und einzusetzen, um weiter Ressourcen zu schonen und Kreisläufe zu schließen. Einige Beispiele dafür sind:

* Abfallkomplettverwertung
* erneuerbare Energien
* Mehrfachverwendung
* Handwerkzeuge
* alte Kulturtechniken und moderne Werkzeuge
* neue Mobilitätsformen

Bildung und Kultur

Permakultur steht für freien Zugang zu Wissen und Bildung und für Kooperation. Essenzielles Wissen sollte stets weiterentwickelt und weitergegeben werden und für alle zugänglich gemacht werden. Einige Beispiele dafür sind:

* Austausch von Wissen und Erfahrungen
* von der Natur lernen und nachahmen
* Landschaften und Orte lesen
* Freie Schulen
* soziale Ökologie
* Open Space und DIY-Angebote
* Zugang zur Kunst und Musik

Gesundheit und Wohlbefinden

Natürlich ist es uns in der Permakultur wichtig, gesund zu leben und uns gesund zu ernähren. Einige Beispiele dafür sind:
* ökologische und biologische Ernährung
* ganzheitliche und natürliche Medizin
* Hausgeburten und Stillen
* in Würde sterben
* den Geist des Ortes spüren
* Praktiken für Geist und Körper

Finanzen und Wirtschaft

Es gibt viele Bewegungen in der Permakultur, die sich mit diesen Themen befassen und auch den Kapitalismus kritisch hinterfragen. Wir wissen, dass einige Ressourcen auf diesem Planeten endlich sind, und deshalb ein ständiges Wirtschaftswachstum kontraproduktiv ist. Daher gilt es, zukunftsfähige Alternativen zu erforschen. Einige Beispiele dafür sind:
* Gemeinwohlökonomie
* ethisch korrekte Finanzierungen
* Tauschnetzwerke und Tauschtreffen
* solidarische Landwirtschaft
* Allgemeingüter
* fair gehandelte Produkte
* Leihen statt kaufen
* regionale Währungen

Politik, Gemeinschaft und Soziales

Auch in der Politik braucht es verstärkten Einsatz von Menschen, denen die Ethik und die Lebensweisen der Permakultur vertraut sind. Auch Politik sollte verbindend und untereinander nährend sein und nicht in ständiger Konkurrenz zueinander stehen. Einige Beispiele dafür sind:
* ökologisches Wohnen in Gemeinschaften
* Transition-Town-Bewegung
* Kooperativen und Genossenschaften
* Ökodörfer
* Gemeinschaftsbesitz
* Konfliktlösungen und Supervision
* Selbstverwaltung und Eigenbestimmung

Die Blüte und der Ertrag in voller Entwicklung

Wie ihr nun seht, ist Permakultur nicht nur die grüne Permakultur im Garten, für die sie oft zu Unrecht gehalten wird. Nun ist es aber meist so, dass Menschen auf diesem Weg zur Permakultur kommen und schnell merken, dass viele weitere Bereiche ihres Lebens davon berührt und beeinflusst werden. Wir können uns mit allen »Ästen« beschäftigen und in viele Bereiche hineinspüren, uns einlesen, aktiv beteiligen oder tief in einen Bereich fokussieren, vielleicht auch eine Initiative gründen. Dabei sollten wir uns aber stets auch fragen: »Wie viel Kapazität habe ich, um mich diesem Bereich zu widmen?« Denn schnell kann es passieren, dass wir unseren Garten bewirtschafteten, ein Strohballenhaus bauen, ein Repaircafé organisieren, eine Freie Schule gründen, Yoga machen, einen Tauschladen eröffnen, in einer lebendigen Gemeinschaft mit Gemeinschaftsprozessen leben, uns in einer Gemeinwohlökonomie-Regionalgruppe engagieren und eine Transition-Town-Initiative gründen. Dies kann uns schnell überfordern. Daher gilt es, hier das Prinzip »Nutze kleine und langsame Lösungen« anzuwenden. Denn es sollte uns Spaß machen und nicht überfordern. Wenn wir merken, dass es mit Leichtigkeit geht, können wir uns intensiver mit einem »Ast« befassen und tiefer in die Themenfelder eintauchen. Dabei können wir vielleicht auch eigene Stärken entdecken. Vielleicht liegt es dir im Blut, ein funktionierendes Netzwerk von Leih- und Tauschringen zu organisieren. Oder du entdeckst deine Leidenschaft für die Technik von Wassersystemen mit deren Speicherung und Energieerzeugung.

Wenn wir in einem Bereich viel Erfahrung sammeln können oder uns eine gewisse Expertise angeeignet haben, können wir in die »Fruchtbildung« gehen und andere Menschen inspirieren, Wissen weitergeben und vermitteln. Dies ist dann unsere Ernte, denn wie war das Prinzip noch mal? Richtig, »Erziele eine Ernte«. So vielfältig ist die Permakultur, und genau dies ist einer der Schlüssel für die Selbstversorgung in der Stadt.

Darf ich vorstellen? Das Permakultur-Werkzeug »Zonierung«

In diesem Buch werde ich immer wieder auf die Zonierung hinweisen. Die Zonierung ist ursprünglich ein Werkzeug in der Permakultur, mit dem das Grundstück oder der Garten in verschiedene Zonen aufgeteilt wird. Meist findet es Anwendung bei großen Grundstücken, unter anderem auch mit Tierhaltung, Weideland und Wildnisflächen. Man kann die Zonierung aber auch auf kleinen Flächen nutzen und für sehr große Elemente. David Holmgren hat in seinem Buch »Permakultur – Gestaltungsprinzipien für zukunftsfähige Lebensweisen« zum Beispiel eine Zonierung vom Individuum bis zur Zone 5, »die Welt«, veranschaulicht. Ich möchte die Zonierung nun auf unser tägliches Leben in der Stadt beziehen. Die Zonierung hilft uns dabei, Wege zu optimieren, unsere Kräfte effizient einzusetzen und Zeit zu sparen, die wir dann an anderer Stelle für eine gute Welt einsetzen können.

Die Zonierung in der »grünen« Permakultur

In der Permakultur werden normalerweise fünf Zonen definiert, die von der Zone 0, dem Wohnbereich, bis zur Zone 4, dem wilden Bereich, reichen. Jede Zone hat ihre eigenen Merkmale und wird entsprechend genutzt. Die Zonierung ermöglicht eine effiziente Nutzung von Ressourcen wie Wasser, Energie und Zeit, da Elemente, die häufig genutzt werden, nahe am Haus und leicht zugänglich sind, während Elemente, die seltener genutzt werden, weiter entfernt liegen. So lässt sich auch der Arbeitsaufwand verringern.

- *Zone 0: Dort befinden sich das Wohnhaus und alle Einrichtungen, die für den täglichen Bedarf benötigt werden, wie Küche, Badezimmer und Lagerräume.*
- *Zone 1: Diese Zone liegt am nächsten zum Haus und beinhaltet alle Elemente, die häufig genutzt werden, wie Kräutergarten, Gemüsebeete und Hühnerstall.*
- *Zone 2: In dieser Zone finden sich Elemente, die weniger oft genutzt werden, wie Obstbäume und Beerensträucher, auch Aquakulturen und Bienenstöcke.*
- *Zone 3: Dort befinden sich die Elemente, die saisonal genutzt werden, wie Getreidefelder, Weiden für Nutztiere und größere Obstgärten.*
- *Zone 4: Dies ist der wilde Bereich, der sich selbst reguliert und ungestört bleibt. Dort finden sich natürliche Elemente wie Wälder, Feuchtgebiete oder Wildblumenwiesen.*

In Zone 0 sorgen wir für unsere grundlegenden täglichen Bedürfnisse

Die städtische Zonierung

Die städtische Zonierung hat eine faszinierende Parallele zur grundlegenden Idee der »grünen« Zonierung in der Permakultur. Hierbei analysieren wir, wie Räume, Plätze und alltägliche Elemente so angeordnet werden können, dass eine effiziente und nachhaltige Nutzung gewährleistet ist. Ein zentraler Gedanke dabei ist, dass Dinge des täglichen Lebens so nah wie möglich an eurer Zone 0 platziert werden sollten.

Zone 0 ist der Kernbereich, der eng mit eurem täglichen Lebensmittelpunkt verbunden ist. Es ist der Ort, an dem ihr die meiste Zeit verbringt und an dem eure grundlegenden Bedürfnisse erfüllt werden.

Diese Herangehensweise bietet nicht nur einen praktischen Leitfaden für eine nachhaltige Lebensweise, sondern blickt auch darauf, wie die Anordnung und Organisation von städtischen Räumen und Strukturen die Lebensqualität und Umweltfreundlichkeit beeinflussen können. Es ist eine Art städtisches Design – mit dem Ziel, eine harmonische Balance zwischen den Bedürfnissen der Bewohner und der Umwelt zu schaffen.

Zone 0: Wir selbst als Person und Familie

In Zone 0 beschäftigen wir uns vor allem mit uns selbst als Individuum. Dort treffen wir Entscheidungen, erkennen Zusammenhänge und Abläufe, entwickeln kreative Lösungen. Auch die Arbeit mit uns selbst findet dort statt, die Klärung von Beziehungen und gemeinschaftlichen Prozessen. Ich habe oft beobachtet, dass Praktiker viel Zeit und Energie darauf verwenden, ihre äußere Umgebung zu gestalten, aber manchmal vernachlässigen, ihren »inneren Garten« zu pflegen. Es ist jedoch genauso wichtig, auf unsere eigenen Bedürfnisse und Verhaltensweisen zu achten. Wer gibt uns den notwendigen Rückhalt in schwierigen Lebensphasen oder im Alltag? Was können wir tun, um unsere Ernährung und unser Wohlbefinden zu verbessern? All diese Fragen haben ihren Platz in Zone 0 und sollten nicht vernachlässigt werden (siehe auch ab Seite 129).

Zone 1: Die Wohnung und rund ums Haus

In Zone 1 finden wir Elemente des täglichen Lebens. Wege, die wir jeden Tag gehen, und Orte, die wir täglich besuchen. Zum Beispiel gehen wir fast täglich ins Badezimmer und in die Küche, in den Keller aber vielleicht nicht. Dort finden wir Elemente, die tägliche Beachtung brauchen, zum Beispiel das Gießen, oder die wir täglich verwenden, wie Kräuter zum Kochen. Auch der Weg zur Arbeit kann Zone 1 sein. Wenn du zum Beispiel täglich zur Garage läufst, kann dort ein kleines Gemüsebeet stehen, das du »im Vorbeigehen« beernten kannst. So könntest du dort zum Beispiel am Morgen ein paar Salatblätter ernten, auf dem Weg zur Arbeit an einem Urban-Garden-Platz anhalten und passende Kräuter und eine Tomate mitnehmen, am Arbeitsort angekommen, ein Gebäck vom Vortag aus der Foodsharing-Kiste nehmen und auf dem Firmenparkplatz frische Beeren pflücken. Dies ist ein Weg, den wir fast täglich zurücklegen, der uns kaum Mühe bereitet und uns gleichzeitig »nährt«. Solltet ihr ein Haus mit Garten haben, wird auch die Tierhaltung in Zone 1 aufgenommen, zum Beispiel der Weg zu den Hühnern.

Zone 2: Regelmäßig besuchte Plätze

In Zone 2 geht es um die Plätze, die wir regelmäßig besuchen, die aber schon einen gewissen Grad an Selbsterhaltung besitzen. Plätze mit mehrjährigen Pflanzen, die du nicht täglich zu pflegen brauchst. Ein Kleingarten, den du zwar regelmäßig besuchst, aber eben nicht täglich. Oder ein Gemeinschaftsgarten im Stadtteil, den du nur besuchst, wenn du gerade Zeit hast, dich aktiv einzubringen. Auch Orte, wo du deine Grundversorgung bekommst, wie der Biomarkt, Wochenmarkt, oder wo du die Gemüsekiste abholst.

Die städtische Zonierung mit unserer Wohnung im Zentrum. Im näheren Umfeld Plätze, die wir regelmäßig besuchen, wie Wochenmarkt oder Gemeinschaftsgarten, und im weiteren Umfeld weniger intensiv genutze Orte, wie Stadtwald, Repaircafé oder solidarische Landwirtschaft. Noch seltener nutzen wir extensive Bereiche, wie die Heuwiese am Stadtrand oder Wildniszonen in der Stadt – auch diese Zonen sind genauso wertvoll.

Darf ich vorstellen? Das Permakultur-Werkzeug »Zonierung«

Zone 3: Wenig intensiv genutzte Bereiche

Plätze in Zone 3 besuchen wir schon etwas weniger und sie machen uns auch wenig Arbeit. Das kann eine Streuobstwiese oder ein gepachteter Garten am Stadtrand sein, Wildkräuterwiesen, Wildobsthecken, öffentliche Grünflächen wie ein Park, städtische Wälder oder Gewässer. Zur Zone 3 zählen auch offene Werkstätten, Repaircafés, Leihläden oder Abholstationen der solidarischen Landwirtschaft.

Zone 4: Extensive Bereiche

In Zone 4 haben bereits mehr die Tiere und die Natur das Sagen, wir greifen noch weniger ein. Eine Magerwiese, wo wir einmal im Jahr Heu machen, oder Flächen, von denen wir einmal im Jahr Brennnesseln und Beinwell zum Mulchen und für Pflanzenjauchen ernten. Oder Beerensträucher auf öffentlichen Plätzen in der Stadt. Auch größere Parks und Naturschutzgebiete können Zone 4 sein. Diese Flächen schützen und erhalten die Natur in der Stadt, fördern die Biodiversität und ökologische Prozesse. Außerdem kann in Zone 4 auch Energie aus erneuerbaren Quellen erzeugt werden, zum Beispiel in Form von Windrädern oder Wasserkraftanlagen.

Wenn du viel liest und regelmäßig dort vorbeischaust, ist die Bücherbox für dich in Zone 2 – doch Pflanzenjauche (rechts im Bild) machen wir nur ein paar mal im Jahr, dann aber gerne zusammen mit Gleichgesinnten im Gemeinschaftsgarten, der in Zone 2 oder auch 3 sein kann

Zone 5: Wildnis

In Zone 5 greifen wir fast gar nicht mehr ein. Sie ist Rückzugsort der Tiere. Zone 5 lädt uns als Beobachter ein und gibt uns Orte, wo wir entspannen können, uns mit der Natur verbinden, dem Gezwitscher der Vögel lauschen können.

In der Stadt kann es schwierig sein, solche Räume zu finden, aber es gibt dennoch Möglichkeiten, sie zu schaffen oder zu erhalten. Ein Beispiel dafür sind Naturschutzgebiete mit Wildnis in der Stadt. Auch Brachflächen oder ungenutzte Freiflächen können als natürlicher Raum dienen, indem sie sich selbst überlassen werden.

Solche wilden und natürlichen Räumen in der Stadt und der Zugang zu ihnen können dazu beitragen, das Bewusstsein für die Bedeutung der Natur und den Schutz von Ökosystemen zu stärken. Wildnis kann uns helfen, unsere Stadt lebenswert und nachhaltig zu gestalten.

Auch auf deinem Balkonhochbeet gibt es eine Ecke, in der eine kleine Zone 5 entstehen kann. Es ist immer wieder spannend, zu beobachten, was dort geschieht und was für ein Leben dort herrscht.

Bild links: Die Streuobstwiese besuchen wir in der Regel seltener als den Kleingarten in unserem Stadtteil – diese Wiese zählt deshalb zur Zone 3

Grüne Permakultur in der Stadt

In diesem Kapitel befassen wir uns mit der grünen Permakultur in der Stadt – nach und nach die Zonen erkundend, angefangen auf der Fensterbank in Zone 1 bis zur Wildnis, der Zone 5. Der respektvolle und nachhaltige Umgang mit unserer Umwelt ist nicht nur eine ethische Verpflichtung, sondern auch eine Notwendigkeit, um die Lebensgrundlagen für kommende Generationen zu sichern.

Auf den folgenden Seiten erwarten euch Ideen für ganz kleines und größeres Tun:
* Mirogreens und Sprossen ziehen auf der Fensterbank: **Zone 1**
* Noch mehr Pflanzen für die Fensterbank: **Zone 1**
* Pflanzen für die übrige Wohnung: **Zone 1**
* Balkon und Terrasse: **Zone 1**
* Gestaltungselemente für den Permakultur-Hausgarten in der Stadt: **Zone 1**
* Kompostwirtschaft: **Zone 1**
* Baumscheibe bepflanzen auf kleinstem Raum: **Zone 2**
* Pilze in der Stadt: **Zone 2**
* Tierhaltung in der Stadt: **Zone 2**
* Urban Garden: **Zone 2**
* Solidarische Landwirtschaft: **Zone 3**
* Waldgarten und Streuobstwiese: **Zone 4**
* Wildnis in der Stadt. **Zone 5**

Masanobu Fukuoka

Masanobu Fukuoka war ein japanischer Landwirt, der als Begründer der »natürlichen Landwirtschaft« gilt. Er entwickelte eine Bewirtschaftungsmethode, die auf künstliche Dünger und Pestizide verzichtet und stattdessen natürliche Prozesse nutzt, um einen gesunden und ertragreichen Garten zu schaffen. Fukuoka erkannte früh auch das Potential von Vorgärten und kleinen Gärten, um auch in dicht besiedelten Gebieten eine nachhaltige Lebensmittelversorgung und gesunde Ernährung zu ermöglichen und die Biodiversität zu fördern. Das Konzept der Vorgarten-Landwirtschaft ist mittlerweile ein wichtiger Bestandteil der urbanen Permakultur.

Bild links: Spielen erwünscht – mit Sand unter den Füßen entstehen die schönsten Ideen für noch mehr grüne Permakultur in der Stadt

Zone 1: Microgreens und Sprossen

Dies ist wohl Gärtnern auf kleinstem Raum, denn hier reicht in der Regel schon eine Fensterbank aus: für Mircogreens und Sprossen oder Keimlinge.

Der Unterschied zwischen Sprossen, auch »Keimlinge« genannt, und Microgreens liegt vor allem im Anbau: Sprossen gedeihen in Keimgläsern oder Schalen und lediglich mit der Hilfe von Wasser, Microgreens wachsen dagegen meist in Anzuchterde. Außerdem werden Sprossen inklusive der Wurzel und früher als Microgreens verzehrt. Es gibt unzählige Arten von Sprossen und Microgreens, die du ganz einfach bei dir zu Hause anbauen kannst. Wir selbst haben auf der Fensterbank einen großen Behälter für Sprossen, weil wir die Frische von Radieschen-Sprossen oder Kresse im Salat lieben.

Für die Anzucht von Sprossen könnt ihr euch fertige Behälter kaufen oder auch ein großes Einmachglas verwenden. Wir haben uns für einen Behälter mit drei Etagen entschieden, in dem das Wasser selbstständig abläuft, um gleichzeitig unterschiedliche Sprossen ziehen zu können. Vielleicht findet ihr einen ähnlichen Behälter gebraucht in einer Kleinanzeigenrubrik.

Für den Anbau von Microgreens eignet sich beinahe jedes flache Gefäß. Zum Beispiel auch ein längs aufgeschnittener Tetrapack, was unserem Prinzip 6 »Produziere keinen Abfall« entspricht. Eine Anzuchtschale mit einem guten Wasserreservoir lässt das tägliche Gießen wegfallen, was an heißen Tagen sehr vorteilhaft sein kann. Ansonsten lassen die Microgreens schnell die Köpfe hängen.

Zu den beliebtesten Microgreens zählen Amarant, Buchweizen, Rucola, Kresse, Senf, Erbsen, Möhren, Rosenkohl, Weizen und Mangold. Aber auch Brokkoli, Bohnen, Rotkohl, Pak Choi, Quinoa, Radieschen oder Koriander eignen sich gut. Als Faustregel gilt: Harte und große Samen solltest du über Nacht in einem Glas Wasser einweichen, damit sie besser keimen.

Eine warme, sonnige Fensterbank auf der Südseite deiner Wohnung ist der ideale Standort. Wenn du das ganze Jahr über Microgreens anbaust, wirst du merken, dass deine Microgreens unterschiedlich aussehen werden. Im Sommer vielleicht sattes Grün und kompakt, im Winter eher lang und dünn. Dies ist für die Qualität aber kaum relevant. Sobald die Microgreens das erste Blattpaar ausgebildet haben, kannst du sie ernten.

Noch mehr Pflanzen für die Fensterbank

Zone 1

Sicherlich gibt es noch genug Platz auf euren Fensterbänken oder habt ihr diese bereits mit euren Microgreens und Sprossen befüllt? Wenn nicht, dann habt ihr nun die Möglichkeit, auch diesen Platz effizient zu gestalten.

Beobachtet kurz – angefangen bei der Himmelsrichtung. Wenn ihr die Ausrichtung eurer Fenster bestimmt habt, könnt ihr noch prüfen, wie viel Licht zu welchen Jahreszeiten tatsächlich dort ankommt. Denn meist übersehen wir Begrenzungen, die nur zu einer bestimmten Jahreszeit auftreten. Die Sonne steht im Frühjahr zum Beispiel tiefer als im Sommer. Vielleicht verdecken dann Nachbargebäude die optimale Lichteinstrahlung und die Fensterbänke im Osten bekommen so keine Sonne ab.

Das Praktische beim Gärtnern auf der Fensterbank ist, dass die Elemente meist beweglich sind. Wenn ihr zum Beispiel merkt, dass der Standort schlecht gewählt wurde, könnt ihr lernen und die Pflanze an einen anderen Ort stellen. Auch solltet ihr beachten, dass für manche Pflanzen der Standort im Sommer zwar schön ist, wenn aber im Winter unter ihrem Po fleißig geheizt wird, sie es dann vielleicht nicht mehr so schön finden. Genauso wie im Garten empfiehlt es sich auch in der Wohnung, die Pflanzen passend für den Standort zu wählen. Wichtig ist immer, dass ihr ein Auge auf die Raumtemperatur habt.

Hier ein Überblick über mögliche Pflanzen für eure Fensterbänke:

* Fensterbänke nach Süden oder Westen mit viel Licht: Barbarakraut, Buschbohnen, Chili, Kapuzinerkresse (nicht rankend), Oregano, Paprika, Pflücksalate, Radieschen, Rosmarin, Rucola, Salbei
* Fensterbänke nach Osten oder Norden mit weniger Licht: fast alle Salatsorten, Knoblauch, Kresse, Mangold, Petersilie, Minze

Je nach Pflanzenwahl solltet ihr unbedingt auf die richtige Höhe eurer Pflanzgefäße achten, um den Ansprüchen der Pflanzen gerecht zu werden. Im Sommer ist es wahrscheinlich sinnvoll, einige Pflanzen auf den Balkon zu stellen, weil es dort weniger Probleme mit Krankheiten und Schädlingen gibt. Denn die Wahrscheinlichkeit, dass ein Marienkäfer, unser kleiner Helfer, sich auf der von Blattläusen befallenen Pflanze niederlässt, ist draußen höher als drinnen.

Zone 1 — Pflanzen für die Wohnung

Nachdem die Fensterbänke eurer Wohnung wahrscheinlich nun optimal genutzt werden, werfen wir einen Blick in die unterschiedlichen Zimmer und auf die Möglichkeit, dort weitere Pflanzen zu integrieren.

Vielleicht habt ihr ein helles Wohnzimmer, in dem auch Pflanzen wie ein Zitronenbäumchen oder ein kleiner Kumquatbaum stehen können? Ähnlich wie bei einem großen Garten könnt ihr auch dort schauen, wo Licht und Schatten zu welcher Jahreszeit sind, und dann eine passende Pflanze, deren Bedürfnisse dort erfüllt werden, dorthin stellen. Wenn ihr nach den Permakultur-Prinzipien handeln wollt, schaut, dass die Pflanze mehrere Funktionen erfüllt. Zum Beispiel kann das Zitronenbäumchen nicht nur schmackhafte Zitronen liefern, es kann auch für ein großartiges Ambiente sorgen. Zudem helfen die ätherischen Öle der Zitrone auch in der Naturheilkunde bei Insektenstichen.

Praxis-Tipp: Die Fruchtausbeute alterniert bei Zitronen, das bedeutet, dass es in einem Jahr besonders viele Früchte gibt, im nächsten dafür nur wenige. Das ist bei Zitruspflanzen normal und deutet nicht auf schlechte Pflege hin.

Das Zitronenbäumchen sollte im Sommer möglichst draußen stehen, dort bleibt es gesünder. Zwar sagt man, dass Zitronenbäumchen gerne kühl und dunkel überwintern, aber es ist auch möglich, sie hell und bei 20 °C zu überwintern. Dann wächst die Pflanze weiter und muss über die Wintermonate auch weitergegossen und leicht gedüngt werden.

Weitere Beispiele für Zimmerpflanzen, die nicht nur schön aussehen, sondern ebenso einen Ertrag, eine Ernte bringen können, sind: Chili, Echte Aloe, Ingwer, Kardamom, Vietnamesischer Koriander, Zimmerknoblauch oder Zitronenmyrthe.

Zone 1 — Balkon und Terrasse

Nun wollen wir unsere eigentliche Wohnung verlassen und uns den ersten Elementen nähern, die draußen angesiedelt sind: dem Balkon und der Terrasse. Auch hier empfiehlt es sich, eine vorgelagerte Standortanalyse zu machen (siehe Seite 163). Wenn ihr dann alles ermittelt habt und eure Ecken mit den optimalen Lichtverhältnissen gefunden habt, geht es an die Planung. Ein Balkon und eine Terrasse bieten nun auch zusätzliche Möglichkeiten wie das vertikale Gärtnern. Weil wir auf kleinstem Raum gärtnern, will jede Ecke genutzt werden.

Ob Tomaten auf der Terrasse oder Seerosen im Miniteich auf dem Balkon – mit Pflanzen fühlen wir uns lebendig

Wichtig! Statik!

Bevor wir beginnen, die Elemente zu positionieren, ist ein Punkt sehr wichtig: die Statik des Balkons! Meist unterschätzen wir das Gewicht eines großen Topfs oder Hochbeets. Auch ist zu berücksichtigen, dass das Gewicht um ein Vielfaches steigt, wenn die Erde nass ist. Am besten sprecht ihr mit eurem Vermieter über die Beschaffenheit und das zulässige Gesamtgewicht, die Tragfähigkeit des Balkons. Da wir möglichst jede Ecke nutzen wollen und dann noch weitere Elemente, zum Beispiel unser Balkonsolarmodul (siehe Seite 102), Gewicht mit sich bringen, müsst ihr unbedingt die Statik prüfen!

Vertikal gärtnern

Meist pflanzen wir Gemüse, Kräuter oder Blumen klassisch nebeneinander, also horizontal. Besonders aber wenn der Raum und die Möglichkeiten begrenzt sind,

> ## Pflanzgefäße mit Upcycling
>
> *Ein Prinzip der Permakultur ist »Produziere keinen Abfall«. Dennoch haben wir Menschen einige Stoffe kreiert, die nur schwer von der Natur abzubauen sind. Unter anderem Plastik. In seinem Zersetzungsprozess gibt es leider auch viele nicht so großartige Stoffe ab. So sind zum Beispiel in den meisten Maurerkübeln Weichmacher drin, die nicht in euer Essen gelangen sollten. Dennoch können wir solche Gegenstände vorübergehend als Ressource verwenden und Gefäße oder Bewässerungssysteme daraus herzustellen. Es gibt viele DIY-Seiten im Internet, die sich mit Upcycling befassen, und dort findet ihr bestimmt viel Inspiration.*
>
> *Ein Permakultur-Projekt von mir war es einmal, eine Komposttoilette nur aus Materialien zu bauen, die im Sperrmüll oder zu verschenken waren. Das war für mich persönlich sehr spannend, da ich in allem plötzlich eine Ressource gesehen habe, die genutzt werden wollte. Auch heute noch kann ich nicht einfach an einem Hof, vor dem gerade Sperrmüll steht, vorbeifahren, ohne zumindest auf die Schnelle nach brauchbaren Dingen Ausschau zu halten. Mein erstes Hochbeet auf dem Balkon war ebenfalls aus alten Paletten und Brettern vom Sperrmüll gebaut.*

sollten wir auch die Vertikale in Betracht ziehen. Dafür können wir Hilfsmittel wie Rankhilfen, Spaliere oder auch Hängeampeln verwenden. Wenn ihr zur Miete wohnt, solltet ihr natürlich aufpassen, was die Befestigung von zum Beispiel Spalieren angeht. Am besten sprecht ihr mit dem Vermieter, ob ein paar Löcher gebohrt werden dürfen, da es generell als Mieter untersagt ist, in die Außenwand Löcher zu bohren. Alternativ ist es auch möglich, andere Pflanzen als Rankhilfe zu verwenden. An Mais kann man zum Beispiel sehr gut Bohnen hochwachsen lassen.

Ein einfaches Element kennt fast jeder von uns, die hängenden (meist langen) Pflanzkästen, die an den Balkongittern befestigt werden. Zum vertikalen Gärtnern passen auch all jene Gemüse, die von sich aus schon rankend sind. Zum Beispiel eine Schlangengurke, die ihr mit ein paar Schnüren über eurem Beet ranken lassen könnt, und unten drunter eine passende Pflanze, die sich gut mit euren Gurken versteht, dies könnte Fenchel, Dill oder Salat sein. Auch eine Pergola, an der zum Beispiel Wein oder Kiwis wachsen, könnt ihr als vertikales Gärtnern sehen, denn auch hier entsteht eine zusätzliche Ebene.

Damit die Balkongurke klettern kann, bekommt sie ein selbst gebautes Hochbeet aus alten Paletten

Hochbeete – nicht nur für Balkon und Terrasse

Wenn es die Statik zulässt, sind Hochbeete als Pflanzgefäße eine gute Wahl. Darin können auch Pflanzen mit etwas tieferen Wurzeln wachsen. Hochbeete kann man in den verschiedensten Größen, Farben und Formen kaufen. Es empfiehlt sich aber, auch hier ressourcenschonend zu arbeiten und auf eventuell schon vorhandene Materialien zurückzugreifen.

Wird es aus Holz gefertigt, sollte das Hochbeet zunächst mit Folie ausgekleidet werden, damit die Innenwände vor Nässe geschützt sind. Achtet auch auf einen Wasserablauf, vor allem, wenn das Hochbeet nicht überdacht steht. Insgesamt befüllt man ein Hochbeet mit vier verschiedenen Schichten. Sie alle sind jeweils zwischen 5 und 25 Zentimeter hoch, abhängig davon, wie viel vom jeweiligen Material verfügbar ist. Prinzipiell werden die Materialien von unten nach oben immer feiner.

Ganz unten beginnen wir mit einer 25 bis 30 Zentimeter hohen Schicht aus Schnittholzabfällen wie dünnen Ästen, Zweigen oder Holzhäckseln als Drainage.

Anschließend folgt eine Schicht umgedrehter Rasensoden, Laub oder Rasenschnitt. Solltet ihr das auf dem Balkon nicht zur Verfügung haben, könnt ihr auch anderes organisches Material einbringen. Es reicht, wenn diese Schicht nur etwa fünf Zentimeter hoch ist. Als dritte Schicht füllen wir halbreifen Kompost ein. Dies kann auch Bokashi sein (siehe Seite 57). Als Letztes geben wir hochwertige Gartenerde beziehungsweise Pflanzerde in das Hochbeet. Im oberen Bereich kann diese noch mit reifem Kompost (zum Beispiel Wurmhumus, siehe Seite 59) ergänzt werden. Erst wenn alle Schichten ins Hochbeet eingefüllt wurden, folgt die Bepflanzung.

Pflanzerde und Blumenerde

Für euer Hochbeet und auch die anderen Pflanzgefäße benötigt ihr natürlich passende Erde. Klar, könnt ihr auch hier in den Baumarkt gehen und mittlerweile für jede Pflanzengattung die passende Erde kaufen. Wenn ihr keine andere Möglichkeit habt, an Erde zu kommen, ist das auch sinnvoll. Ganz wichtig ist dabei, und ich möchte es sehr betonen, dass ihr keine Pflanzerde mit Torf kauft! Pro Jahr verbrauchen wir in Deutschland mehrere Millionen Kubikmeter Torf aus Mooren für Pflanzerde. Dies ist ein zerstörender Eingriff in die Natur und das Ökosystem der Moore. Denn Torfabbau führt zur Zerstörung von Mooren und somit zur Freisetzung von großen Mengen an Kohlenstoffdioxid. Moore sind einer der größten Kohlenstoffspeicher der Erde.

Es gibt mittlerweile viele Anbieter von Pflanzerde, die auf Torf verzichten und stattdessen auf nachhaltige Alternativen setzen. Diese Mischungen können beispielsweise aus Kompost, Rindenmulch, Kokosfaser oder Holzhäckseln bestehen. Eine gute Pflanzerde sollte außerdem einen ausgewogenen Nährstoffgehalt und eine ausreichende Wasserspeicherkapazität bieten.

Ihr könnt die Pflanzerde auch selbst mischen, beispielsweise aus Gartenabfällen, Kompost und Holzhäcksel. Das ist nicht nur umweltfreundlich, sondern auch kostengünstig. Wir haben zum Beispiel für unser Hochbeet Maulwurfserde in den Wiesen am Stadtrand gesammelt. Diese ist besonders locker und feinkrümelig. Allerdings sollte man beim Sammeln von Maulwurfserde darauf achten, dass man die Tiere nicht stört oder verletzt. Auch sollte man nur einen kleinen Teil der Erde aus den Haufen entnehmen, um die Tiere nicht zu sehr zu beeinträchtigen.

Der Hausgarten in der Stadt

Zone 1

Ein Hausgarten, der nach den Prinzipien der Permakultur gestaltet wird, basiert auf verschiedenen Elementen. Zum einen strebt man eine Kreislaufwirtschaft an, bei der alle Nährstoffe im Garten bleiben. Weiterhin wird der Garten möglichst vielfältig gestaltet und verschiedene Pflanzen und Tierarten werden miteinander kombiniert. Auch die Nutzung von Regenwasser zur Bewässerung ist ein wichtiger Aspekt. Beim Bau von Beeten und anderen Gartenelementen werden natürliche Materialien bevorzugt und der Boden wird ständig bedeckt gehalten, um ihn vor Erosion zu schützen und unerwünschte Kräuter im Wachstum zu hemmen.

Elemente für den Permakultur-Hausgarten

Gemüsebeete mit Fruchtfolge

Eine bewährte Methode im Gemüseanbau ist die vierjährige Fruchtfolge, bei der bestimmte Gemüsearten in einem festgelegten Zyklus auf einem Beet angebaut werden. Eine solche Fruchtfolge hilft, den Boden gesund zu erhalten, indem sie die Nährstoffe im Boden ausgleicht und die Ansiedlung von Krankheiten und Schädlingen verringert. In der vierjährigen Fruchtfolge werden die Gemüsearten nach ihrem Nährstoffbedarf in vier Gruppen eingeteilt:

* Starkzehrer wie Kürbis, Zucchini, Tomaten oder Gurken
* Mittelstarkzehrer wie Kohlrabi, Spinat, Mangold oder Salat
* Schwachzehrer wie Radieschen, Buschbohnen, Zwiebeln oder Feldsalat
* Stickstoffsammler wie Hülsenfrüchte und Gründüngungspflanzen

Die Starkzehrer werden im ersten Jahr angebaut, gefolgt von den Mittelzehrern im zweiten Jahr und den Schwachzehrern im dritten Jahr. Im vierten Jahr wird das Beet mit Stickstoffsammlern oder Gründüngung bepflanzt, um den Boden zu regenerieren und den Nährstoffgehalt auszugleichen. Gründüngungspflanzen wie Klee oder Senf helfen auch, die Bodenstruktur zu verbessern. Nach der Ernte werden sie in den Boden eingearbeitet und dienen als Dünger für die nachfolgende Kultur.

Darüber hinaus kann auch das Einbringen von Pferdemist (ohne Medikamentenrückstände!) als Dünger für Starkzehrer sinnvoll sein. Pferdemist ist nährstoffreich, er enthält Stickstoff, Phosphor und Kalium. Er sollte jedoch nicht frisch aufgetragen werden, sondern vorher kompostiert oder mit dem Boden vermischt werden, um die Nährstoffe langsam freizusetzen und die Bodenstruktur zu verbessern.

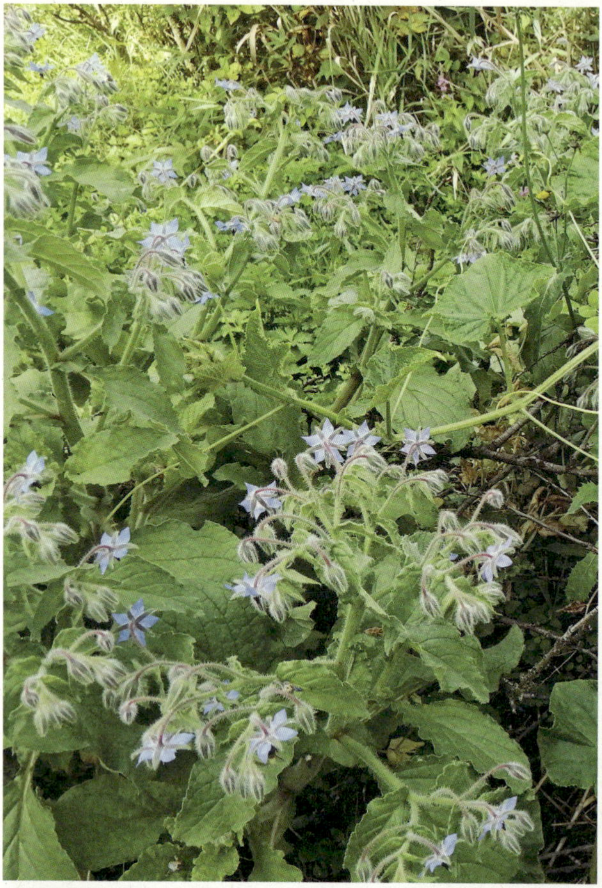
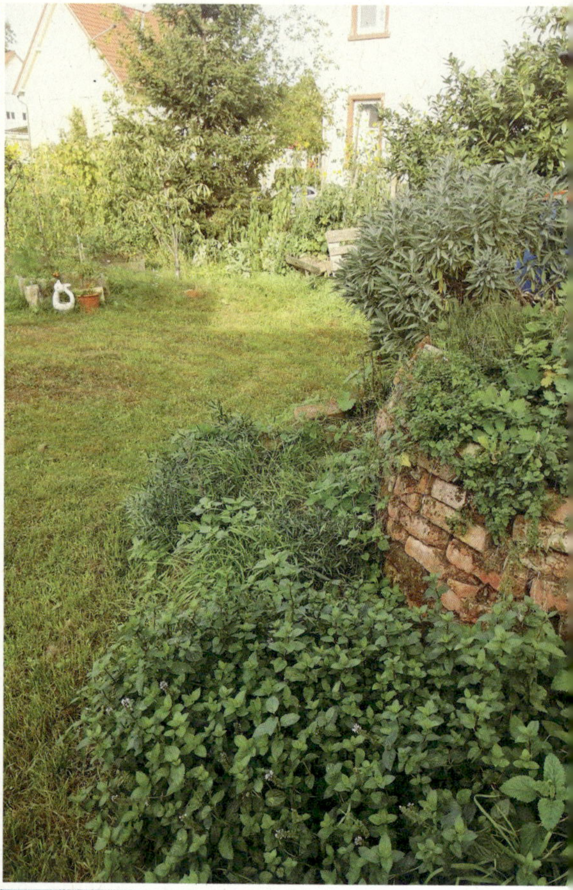
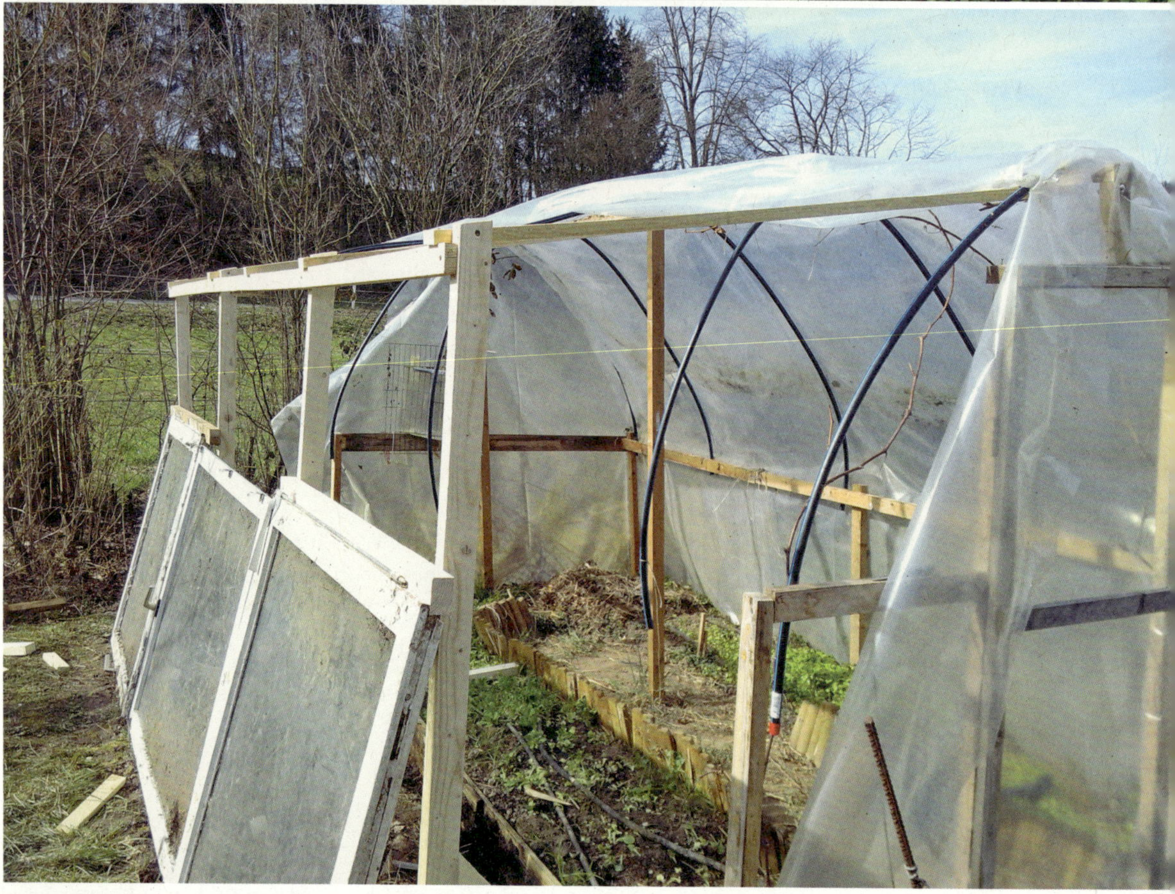

Mischkultur

Die Mischkultur im Gemüsebeet ist eine Anbaumethode, bei der verschiedene Gemüsearten in einem Beet miteinander kombiniert werden, um gute Wachstumsbedingungen zu schaffen. Diese Praxis nutzt den verfügbaren Raum bestens aus, zum Beispiel können höher wachsende Pflanzen wie Mais Schatten für niedriger wachsende Arten wie Kürbis und Bohnen spenden. Dies fördert auch ein harmonisches Wachstum, die Biodiversität und letztendlich den Gesamtertrag des Gemüsebeetes. Ein Beispiel könnte auch die Kombination von Tomaten mit Knoblauch und Zwiebeln sein, die sich gegenseitig ergänzen und den Gesamtertrag steigern.

Die geschickte Kombination von Pflanzen kann zudem der Pflanzengesundheit dienen, indem sich bestimmte Arten gegenseitig schützen. Zum Beispiel können Pflanzen wie Tagetes aufgrund ihrer Duftstoffe Fressfeinde von empfindlicheren Gemüsearten fernhalten. Und durch die Mischung von knoblauchartigen Gewächsen mit Erdbeeren könnt ihr die Gefahr durch Pilzkrankheiten reduzieren.

Die Mischkultur trägt auch zur Verbesserung des Bodens bei. Durch die Vielfalt der angebauten Pflanzen werden unterschiedliche Nährstoffansprüche erfüllt. Ein Beispiel hierfür ist die Kombination von Stickstoff fixierenden Pflanzen wie Hülsenfrüchten mit Gemüsearten, die mehr Nährstoffe und Stickstoff brauchen, wie Kohl.

Mulch

Mulchen heißt, auf den Boden eine Schicht aus organischem Material wie Grasschnitt, Laub, Stroh oder Kompost aufzubringen, im Idealfall ohne Umgraben. Das kann die Pflanzen im Wachstum fördern. Der Mulch schützt den Boden vor Erosion durch Wind und Regen, er hält ihn länger feucht und mildert die Wirkung von Hitze und Kälte. Mulch fördert auch das Wachstum von Bodenlebewesen wie Regenwürmern und Mikroorganismen, die wichtig für die Gesundheit des Bodens sind.

Wichtig ist es auch, den Boden möglichst wenig umzugraben. Denn beim Umgraben wird die natürliche Struktur des Bodens zerstört, was zur Verdichtung führen kann. Das behindert die Wurzeln beim Wachsen und der Boden ist weniger durchlässig für Wasser und Luft. Insbesondere bei normalen und leichten Gartenböden und einer guten Mulchpraxis ist das klassische Umgraben weder hilfreich noch sinnvoll.

Frühbeet

Ein Frühbeet ist ein kleines, geschütztes Beet, das dazu dient, Pflanzen bereits früh im Jahr vorzuziehen und zu kultivieren, bevor die Bodentemperatur draußen ausreichend hoch ist. Dadurch können die Wachstumsperiode und die Erntezeit verlängert werden. Das Beet schützt die Pflanzen vor Wind, Kälte und Nässe.

Bilder links: Du darfst einen Hausgarten nutzen? Großartig – dann hast du die Wahl von Kräuterspirale (oben) bis Frühbeet mit kleinem Gewächshaus (unten).

Frühbeete können aus verschiedenen Materialien gebaut werden, zum Beispiel Holz, Kunststoff oder Glas. Wichtig ist, dass ihr das Frühbeet ausreichend lüften könnt und dass es wasserfest ist. Es gibt auch Frühbeetkästen mit einem durchsichtigen Deckel aus Kunststoff oder Glas, die auf Beeten oder Rasenflächen platziert werden können. Diese könnt ihr einfach öffnen, um die Pflanzen zu gießen und zu belüften.

Im Frühbeet können verschiedene Pflanzen angebaut werden, darunter Salat, Radieschen, Karotten, Spinat und Kräuter. Einige Pflanzen können sogar das ganze Jahr über im Frühbeet wachsen.

Hügelbeet

Der Bau eines Hügelbeetes beginnt mit dem Aufschichten von organischen Materialien wie Grünschnitt, Kompost, Laub und Mist auf einem vorbereiteten Boden. Auf diesen Hügel wird dann eine Schicht aus Erde aufgetragen, in die das Gemüse und andere Pflanzen gesetzt werden.

Ein Hügelbeet bietet eine gute Drainage, was vor allem solchen Pflanzen gut bekommt, die nicht so viel Feuchtigkeit vertragen. Durch die Erhöhung des Beetes wird der Boden zudem aufgewärmt. Auch der innere Kern aus organischem Material gibt bei der Zersetzung Wärme frei. Das fördert ebenfalls das Wachstum von Pflanzen.

Ein weiterer Vorteil von Hügelbeeten ist, dass sie platzsparend sind und es möglich machen, eine größere Menge an Pflanzen auf kleiner Fläche anzubauen. Hügelbeete können in verschiedenen Größen und Formen angelegt werden, um den individuellen Bedürfnissen gerecht zu werden.

Um die Permakultur-Prinzipien zu berücksichtigen, kann man auch beim Bau von Hügelbeeten darauf achten, organische Materialien zu verwenden, die lokal verfügbar sind.

Wildobsthecke

Eine Wildobsthecke ist eine natürliche und nachhaltige Möglichkeit, um Früchte im Garten anzubauen und gleichzeitig einen Lebensraum für Vögel, Insekten und andere Tiere zu schaffen. Die Hecke besteht aus einheimischen Sträuchern und Bäumen, die in der Regel widerstandsfähig gegen lokale Schädlinge und Krankheiten sind und somit weniger Pflege benötigen.

Dazu gehören beispielsweise Holunder, Schlehe, Haselnuss, Vogelbeere, Wildapfel, Sanddorn und Rosen. Diese Pflanzen haben nicht nur einen hohen ökologischen Wert, sondern bieten auch eine reichhaltige Ernte an gesunden Früchten, die in der Küche vielseitig verwendet werden können.

Die Kräuterspirale

Die Kräuterspirale ist eine schöne Methode, um unterschiedliche Kräuter auf kleinem Raum anzubauen. Die Spirale benötigt wenig Platz, weil sie in die Höhe gebaut wird. Zugleich wirkt sie attraktiv. Ihr Grundgerüst besteht aus Steinen oder Ziegeln, die in Form einer spiralförmigen kleinen Trockenmauer so aufgeschichtet werden, dass das innere Ende der Spirale am höchsten liegt. Eine Anleitung zum Bau einer Kräuterspirale bietet das Buch »Die Kräuterspirale« von Irmela Erckenbrecht.

Die Kräuterspirale ist so konstruiert, dass sie Wachstumsbedingungen für unterschiedliche Arten von Kräutern bietet. Am höchsten Punkt wachsen Kräuter, die viel Sonne und Trockenheit benötigen, wie Thymian und Rosmarin. Auf der mittleren Ebene finden sich Kräuter, die es etwas feuchter mögen, wie Estragon und Petersilie. Unten wachsen Kräuter, die gerne in feuchtem Boden stehen, wie Zitronenmelisse und Minze.

Hier einige mögliche Pflanzen – »Zone 1« meint oben auf der Spirale, »Zone 6« meint unten am Fuß:

- *Zone 1: sonnig, trocken, kalkhaltig, zum Beispiel für:*
  Thymian, Rosmarin, Lavendel, Salbei.
- *Zone 2: sonnig, trocken, zum Beispiel für:*
  Anis, Bohnenkraut, Fenchel, Majoran, Ysop, Winterportulak.
- *Zone 3: sonnig bis halbschattig, trocken, zum Beispiel für:*
  Estragon, Kresse, Oregano, Rucola.
- *Zone 4: sonnig bis halbschattig, feucht, humos, zum Beispiel für:*
  Dill, Petersilie.
- *Zone 5: mehr halbschattig, feucht, humos, zum Beispiel für:*
  Zitronenmelisse, Kerbel.
- *Zone 6: halbschattig bis schattig, feucht, humos, zum Beispiel für:*
  Borretsch, Schnittlauch, Waldmeister, Baldrian, Pfefferminze.

Eine Wildobsthecke kann auf verschiedene Arten gestaltet werden, je nach vorhandenem Platz und individuellen Vorlieben. Zum Beispiel entlang des Grundstücksrandes, um so eine natürliche Grenze zu schaffen und gleichzeitig den Garten vor Wind und Lärm zu schützen. Alternativ können die Pflanzen auch in einer Gruppe oder in einer Spirale angeordnet werden, was abwechslungsreich und interessant sein kann.

Zu beachten ist, dass eine Wildobsthecke auch viel Platz im Garten benötigt. Daher ist sie nicht für jeden Hausgarten geeignet. Ein einzelner Strauch oder kleiner Baum aber schon.

Mit bloßen Füßen über den Wildkräuterrasen im Frühling – im Schatten von Weinreben ausruhen im Sommer

Wildkräuterrasen

Ein Wildkräuterrasen ist eine natürliche und nachhaltige Alternative zu konventionellen Rasenflächen. Er bietet vielen Insekten und Vögeln einen Lebensraum und ist oft bunter und vielfältiger als die üblichen Rasenflächen.

Wildkräuterrasen können aus einer Mischung aus einjährigen und mehrjährigen Kräutern und Gräsern bestehen. Die Auswahl der Pflanzen hängt von den klimatischen Bedingungen und dem Bodentyp ab. Einige Beispiele für Wildkräuter sind Margariten, Glockenblumen, Löwenzahn, Klee, Schafgarbe, Sauerampfer oder Gänseblümchen. Die Pflege eines Wildkräuterrasens ist im Vergleich zu einer konventionellen Rasenfläche einfacher und erfordert weniger Aufwand. Etwa Ende April sollte der Rasen einmal gemäht werden und noch einmal spät im Jahr, wobei ihr darauf achten solltet, dass ihr nicht alle Pflanzen auf einmal abschneidet. Es empfiehlt sich, den Rasen in Abschnitten zu mähen, um den Tieren Rückzugsorte zu bieten.

Viele Wildkräuter sind essbar und können somit auch als Zutat in Salaten, Suppen oder als Gewürz in der Küche verwendet werden. Allerdings solltet ihr euch vorher genau informieren, welche Wildkräuter ihr sammelt und esst, um Verwechslungen mit giftigen Pflanzen zu vermeiden.

Feuchtbiotop

Ein Feuchtbiotop ist ein Bereich, in dem das Wasser in ausreichender Menge vorhanden ist, um eine hohe Luftfeuchtigkeit zu gewährleisten. Es kann sich um einen Teich, Sumpf oder ein Feuchtgebiet handeln. Das ist auch im Garten möglich. Durch die Verdunstung des Wassers entsteht ein besonderes Mikroklima, das viele Pflanzen und Tiere schätzen. So kann sich die biologische Vielfalt im Garten erhöhen. Zu den Pflanzen, die in einem Feuchtbiotop wachsen können, gehören beispielsweise Seerosen, Sumpfschwertlilien, Rohrkolben und Schilfrohr. Diese Pflanzen sind nicht nur schön anzusehen, sondern dienen auch als Lebensraum und Nahrungsquelle für Insekten, Fische, Frösche und Vögel.

Für die Schaffung eines Feuchtbiotops im Garten eignen sich am besten niedrig gelegene Flächen, die regelmäßig Regenwasser abbekommen. Dort kann man einen Teich, eine Sumpflandschaft oder eine Feuchtwiese anlegen. Auch auf dem Balkon oder der Terrasse kann ein Mini-Teich aufgestellt werden. Wichtig hierbei aber auch wieder, unbedingt die Statik im Blick behalten!

Sitzplatz

Ein Sitzplatz ist eine wichtige Ergänzung für einen Garten, da er nicht nur einen Ort zum Entspannen und Genießen bietet, sondern auch als zentraler Punkt für Zusammenkünfte dienen kann. Bei der Gestaltung eines Sitzplatzes sollte darauf geachtet werden, dass er gut erreichbar und möglichst windgeschützt ist. Außerdem kann man durch eine geschickte Platzierung von Bäumen, Sträuchern oder rankenden Pflanzen wie Wein oder Kiwi eine erholsame Schattenzone und Sichtschutz schaffen. Ihr könnt Blumenkästen anbringen, ein Wasserspiel kann ein angenehmes Ambiente schaffen. Zum Sitzen gibt es viele Möglichkeiten – Bänke aus Holz oder Stein, Hängematten, Liegestühle oder selbst gebaute Sitzgelegenheiten aus Paletten.

Komposttoilette

Komposttoiletten sind eine nachhaltige Alternative zu herkömmlichen Toilettensystemen, die Abwasser erzeugen. Statt das Abwasser durch ein Rohrsystem zu entsorgen, wird bei einer Komposttoilette der menschliche Kot in einem speziellen Behälter gesammelt und kompostiert (siehe auch Seite 87). Der Kompost kann anschließend als Dünger für Pflanzen im Garten verwendet werden. Komposttoiletten können auf verschiedene Arten konstruiert werden, von einfachen selbst gebauten Versionen bis hin zu anspruchsvollen Systemen mit Belüftung und Temperaturkontrolle. Wichtig ist, dass die Toilette so konstruiert ist, dass die Fäkalien ausreichend belüftet werden und ausreichend Zeit zum Kompostieren haben.

Im Hinblick auf eine nachhaltige und ressourcenschonende Lebensweise können Komposttoiletten einen guten Beitrag leisten. Allerdings ist es wichtig, die lokalen Vorschriften und Gesetze zu beachten und gegebenenfalls Genehmigungen einzuholen.

Wildniszone

In der Permakultur werden häufig sogenannte Wildniszonen in Gärten und Landschaften integriert. Diese Zonen sind bewusst ungestaltet und sollen der Natur Raum zur Entfaltung geben. Dort darf sich die Natur weitgehend ungestört entwickeln, ohne menschlichen Eingriff. Wildniszonen sind eine wichtige Ergänzung zu den produktiven Zonen, da sie die Biodiversität fördern, ökologische Nischen und Lebensraum für eine Vielzahl von Tieren und Pflanzen schaffen.

Die Wildniszonen sollten idealerweise so angelegt werden, dass sie die umgebenden Zonen ergänzen und bereichern. Es ist daher sinnvoll, Wildniszonen in Randbereichen oder weniger genutzten Teilen des Gartens anzulegen. Auch eine Kombination mit anderen Elementen der Permakultur, wie einem Teich oder einem Feuchtbiotop, ist möglich.

Das ganze Leben in zwei Händen

Kompost

Zone 1

Der Kompost wird zu Unrecht häufig in die hinterste Ecke des Gartens »verbannt«. Dies solltet ihr aber nicht machen. Denn je weiter weg der Kompost ist, desto schwerer wird es, ihn im Alltag auch aufzusuchen. Vielleicht kennt ihr das, ihr sammelt in einem Behälter die Reste vom Gemüseschneiden und irgendwann ist dieser dann voll, um geleert zu werden. Dann muss es vielleicht noch schnell gehen und ihr schaut – mit Hausschuhen an – nach draußen, seht Graupelschauer, Wind und auf dem Thermometer, wie kalt es ist. Und dann müsst ihr über eine nasse Wiese ins letzte Eck des Gartens wandern, um den Kompost zu füttern. Schneller und vor allem gemütlicher ist es, wenn der Kompost in der Nähe eures Hauseingangs wäre. Noch besser, wenn er vielleicht auf dem Weg zum Briefkasten wäre. Somit könntet ihr jeden Tag, wenn ihr dort lang lauft, gleich den Kompostbehälter mitnehmen und entleeren.

Doch welche Kompostsysteme gibt es überhaupt? Und welches dieser Systeme passt zu dir mit deinem vielleicht begrenzten Platz? Gerne möchte ich euch ein paar unterschiedliche Systeme vorstellen und deren Vorteile und Einsatzmöglichkeiten nennen. Für mich ist es nämlich oft unverständlich, dass es in der Stadt noch immer viele Gebäude ohne eine Biomülltonne oder eigene Kompostbewirtschaftung gibt. Organische Abfälle sind schließlich eine enorm wichtige Ressource. Die Grundlage unserer Nahrung basiert auf Kompost und seinen Nährstoffen. Wenn keine Biotonne oder Komposter in der Stadt verfügbar sind, landen diese wertvollen Materialen leider im Restmüll und werden verbrannt.

Bilder links: Mehr Wildnis wagen – das geht auch im Garten.
Wie wäre es, einfach mal zu schauen und nicht so viel zu machen?

Möglichkeit 1: Gartenkompost

Wenn ihr einen Garten am Haus habt und auch genug Platz, kann es sinnvoll sein, dort einen klassischen Gartenkompost aufzusetzen. Im Idealfall sogar zwei bis drei Komposte, um diese intensiv bewirtschaften zu können. Solltet ihr diesen »Luxus« haben, müsst ihr auch hier erst einmal den geeigneten Standort bestimmen. Natürlich solltet ihr zuallererst aber prüfen, ob ihr überhaupt genug Material für den Kompost aufbringen könnt.

Der ideale Standort sollte leicht zugänglich und nah an eurer Küche oder am Weg, den ihr täglich lauft, sein. Dann sollte der Standort schattig oder halbschattig sein, denn pralle Sonne lässt den Kompost im Sommer schnell austrocknen. Wenn der Garten groß genug ist und ihr auch eine Schubkarre habt, ist es sinnvoll, wenn der Kompost auch mit dieser zu erreichen ist. Wichtig ist ein direkter Kontakt zum gewachsenen Gartenboden, sodass Regenwürmer und andere Bodenlebewesen schnell einziehen können und das Sickerwasser abfließt. Denn zu viel Nässe mag ein Komposthaufen auch nicht.

Was darf drauf?

Geeignet sind organische Abfälle, die bei euch im Garten anfallen wie Laub, Staudenreste, Rasenschnitt, Holzhäcksel und Grünschnitt. Sogar Grassoden können kompostiert werden, wenn sie mit der Erde nach oben in die Kompostmiete kommen. Äste und Zweige solltet ihr nur zerkleinert auf den Kompost werfen, weil es sonst zu lange dauert, bis sie zersetzt sind. Das organische Material wird nach und nach von Mikroorganismen, Würmern und vielen anderen Bodenlebewesen zu Humus umgebaut. Fleisch, Knochen und gekochte Essensreste sind eher nicht geeignet, weil sie Ratten anlocken könnten, was vor allem in der Stadt auch schnell passieren kann.

Für eine gute Kompostierung solltet ihr mit den »Zutaten« etwas systematisch vorgehen. Ich merke mir immer »braun und grün im Wechsel«. Zum Beispiel abwechselnd trockene Holzhäcksel oder Staudenreste und feuchten Grasschnitt. So erhält das Kompostinnere die nötige Feuchtigkeit, vernässt aber nicht.

Im Sommer ist es sinnvoll, dem Kompost etwas Wasser zukommen zu lassen, weil er sonst austrocknen kann. Denn nur bei genug Feuchtigkeit verrottet euer Material. Nach etwa einem Jahr sollte der Kompost verwertbar sein. Dinge, die nicht oder noch nicht ganz verrottet sind, wie dickere Äste, können wieder in den Kompost gegeben werden und im Folgejahr verwendet werden. Komposterde stinkt nicht, sie duftet nach Waldboden. Wenn es stinkt, ist etwas schiefgelaufen!

Möglichkeit 2: Bokashi

Vielleicht habt ihr schon einmal von Bokashi gehört. Der Bokashi ist eine gute Methode für diejenigen, die vielleicht etwas weniger Platz haben und auch nicht die Möglichkeit, drei Komposthaufen im Garten anzulegen. Er kann auch eine gute Ergänzung zum eigentlichen Komposthaufen sein, wenn dieser zum Beispiel zu weit weg im Garten steht und ihr erst einmal Materialen in der Wohnung sammeln wollt, bevor sie auf den Komposthaufen wandern.

Der Begriff »Bokashi« kommt aus dem Japanischen und bedeutet »fermentiertes Allerlei«. Damit sind fermentierte organische Reste gemeint. Diese werden mithilfe von bestimmten Mikroorganismen, den Effektiven Mikroorganismen (EM), umgewandelt. EM sind eine Mischung aus Hefen, Milchsäurebakterien, Fotosynthesebakterien und anderen, wie sie auch in Sauerkraut oder Joghurt vorkommen..

Was darf rein?

In euren Bokashi-Eimer darf nun etwas mehr hinein als auf euren klassischen Gartenkompost. Den Eimer könnt ihr selbst bauen oder fertig kaufen. Er muss luftdicht verschließbar sein und kann unten einen Zapfhahn haben, womit ihr die entstehende Flüssigkeit einfach ablassen könnt. In den Eimer darf nahezu jedes organische Material. Unter anderem rohes und gekochtes Gemüse, Brot, Milchprodukte, Teesatz und Kaffeesatz, Laub, unerwünschte Beikräuter wie Giersch und auch Tiermist. Kräuter samen nicht mehr aus, da der niedrige pH-Wert des Bokashi das verhindert.

Obwohl manche auch Reste von Fleisch und Fisch zum Bokashi geben, ist das nicht zu empfehlen, da auch nach der Fermentation dadurch Tiere wie Ratten angezogen werden. Wenig sinnvoll ist es auch, Holzstücke, Papier oder verschimmelte Speisereste in den Eimer zu geben.

Nach jeder Schicht, die ihr in den Bokashi-Eimer packt, drückt ihr das Material nach unten, verhindert somit mögliche Luftkammern und könnt auch einiges mehr in euren Eimer stopfen. Es empfiehlt sich, etwas Effektive Mikroorganismen hinzuzutun, damit genug davon in eurem Eimer sind. Alternativ könnt ihr als Starter auch etwas Brottrunk dazugeben.

Eine gute Ergänzung zum Bokashi ist Terra Preta oder Pflanzenkohle (siehe auch Seite 106), die aus dem Pyrolyseofen kommt und bereits mit EM beimpft wurde. Auf diese Weise ist es auch möglich, organische Katzenstreu mit Pflanzenkohle im Bokashi-Eimer zu veredeln und im Anschluss in einem Schnellkomposter zu vererden.

Nach etwa drei Wochen unter Luftabschluss ist der Bokashi in der Regel fertig. Je kleiner die Zutaten geschnitten sind, desto schneller geht es. Das Ferment kann aber problemlos noch viel länger gelagert werden. Ein aus Küchen- oder Gartenabfällen hergestelltes Ferment sieht im Bokashi-Eimer nach zwei bis drei Wochen nicht bedeutend anders aus als vorher. Ähnlich wie Sauerkraut ändern sich vornehmlich Geruch und Volumen. Auch ein leichter weißer Filz auf dem Ferment ist normal und kann problemlos verwendet werden.

Bokashi verwenden

Soll der Bokashi direkt nach seiner Fertigstellung als Dünger für neu gesetzte Pflanzen dienen (dies funktioniert beim Setzen im Garten, wie auch beim Topfen der Pflanzen), so ist darauf zu achten, dass eine 5 bis 10 Zentimeter dicke Erdschicht den Wurzelballen von dem Bokashi trennt. Bis die Wurzeln der Pflanze den Bokashi erreicht haben, ist dessen pH-Wert so weit gestiegen, dass der Bokashi für die Pflanze eine gute Nährstoffquelle ist.

Den Saft, den du aus dem Zapfhahn ablässt, kannst du verdünnt als Pflanzendünger verwenden. Am besten hebt ihr euch auch etwas davon auf, um es als Starter wieder in den neu angesetzten Eimer zu geben.

Wenn ihr gerade kein neues Beet gestalten könnt und all eure Pflanzen schon die Töpfe und Beete belegen, könnt ihr den Bokashi auch in euren Kompost einbringen und ihn dort vererden.

Den frisch geleerten Bokashi-Eimer müsst ihr nicht ausspülen. Ausspülen wäre sogar eher schlecht. Denn in den Ritzen und Rändern sind weiterhin die wertvollen Mikroorganismen und unterstützen direkt den neuen Ansatz eurer Fermentation.

Wie ihr seht, braucht es noch einen zusätzlichen Schritt – die Vererdung, direkt im Beet oder im Kompost –, bevor eure Pflanzen den Bokashi nutzen können.

Doch es gibt noch eine Alternative, wenn ihr diesen Schritt umgehen wollt und keinen Komposthaufen habt. Dies ist der Wurmkompost aus der Wurmkiste.

Möglichkeit 3: Die Wurmkiste

Ein Wurmkompostsystem, wie es in einer Wurmkiste verwendet wird, ist eine Methode zur Kompostierung von organischen Abfällen auf kleinstem Raum. Das ist auch in einer klassischen Stadtwohnung möglich. In diesem System arbeiten die roten Kompostwürmer *(Eisenia fetida)* daran, organische Materialien in hochwertigen Wurmhumus zu verwandeln.

Eine typische Wurmkiste besteht aus mehreren Etagen. Die oberste Etage dient als Futterplatz, in dem frische organische Abfälle platziert werden. Die unteren Etagen sind für den reifen Kompost und den Wurmhumus vorgesehen. Eine Wurmkiste kann man auch selbst bauen.

Die Wurmkiste ist so konstruiert, dass sie eine gute Belüftung und Drainage ermöglicht. Dies ist wichtig, um die richtigen Umweltbedingungen für die Kompostwürmer aufrechtzuerhalten. Die Würmer benötigen Sauerstoff und sollten nicht im Wasser stehen. Am wohlsten fühlen sie sich zudem bei Temperaturen zwischen 20 und 25 °C.

Organische Abfälle wie Gemüsereste, Kaffeesatz, zerkleinerte Kartonagen und Gartenabfälle werden regelmäßig in die oberste Etage der Wurmkiste gegeben. Die Kompostwürmer wandern nach oben, um sich von diesem Futter zu ernähren.

Wenn die unterste Etage der Kiste mit Wurmhumus gefüllt ist, kann dieser geerntet werden. Dazu wird die oberste Etage mit Futter beiseite gestellt und der Wurmhumus wird aus der unteren Etage entnommen. Dieser Wurmhumus ist ein wertvoller Dünger für Pflanzen. Der Zyklus wiederholt sich kontinuierlich. Die oberste Etage wird gefüttert, die Würmer arbeiten sich nach oben, und der fertige Humus wird in der untersten Etage geerntet. Dies schafft einen ständigen Kreislauf der Kompostierung.

Die Kompostwürmer sind recht anspruchslos in Bezug auf ihr Futter, dennoch gibt es bestimmte Materialien, die sie bevorzugen, und andere, die ihr vermeiden solltet.

* Was die Würmer gerne fressen:
  Gemüse- und Obstreste, Kaffeesatz und Teebeutel, zerkleinerte Kartonagen und Zeitungen, die für eine Belüftung sorgen und ein Zuviel an Feuchtigkeit aufsaugen.
* Was die Würmer vermeiden sollten:
  Milchprodukte, Reste von Fleisch und Fisch sowie stark salzhaltige oder fettige Speisereste. Auch ein Zuviel an gegarten Speiseresten, größere Mengen an Zitrusfrüchten und Zwiebeln, farbige oder beschichtete Papiere und künstlich behandeltes Holz. Auch Grasschnitt und Laub solltet ihr nicht dazugeben, weil es sich bei der Zersetzung zu hoch erhitzt und das den Würmern nicht gut bekommt.

Bilder links: Genial, wie unsere täglichen
Gemüsereste zu wertvollem Humus werden!

Zone 2: Baumscheibenbepflanzung auf kleinstem Raum

Die Baumscheibenbepflanzung ist eine Gestaltungsmethode, die sich besonders gut für einen kleinen Garten eignet. Sie ist nicht nur optisch ansprechend, sondern fördert auch die ökologische Vielfalt, Vernetzung und eine reiche Ernte.

Besonders bei frisch gepflanzten Bäumen, die häufig mit Gräsern um Ressourcen konkurrieren, erweist sich dieses Konzept als wirkungsvoll – die mitwachsende Baumscheibe. Mit den Jahren entwickelt sich eine nachhaltige und harmonische Symbiose zwischen den einzelnen Elementen und es wächst eine gestalterische Vielfalt.

Aber auch die Baumscheibe eines bereits länger dort wachsenden Baumes kann bepflanzt werden.

Mitwachsende Baumscheibe: Der Boden um einen frisch gepflanzten (Obst-)Baum wird großflächig mit Heu bedeckt. Diese Maßnahme unterdrückt Gräser und schafft eine vorteilhafte Ausgangssituation für den Baum. Im Laufe der Jahre wächst die Baumscheibe mit dem Baum mit, und Wildstauden bilden eine lebendige Mulchschicht. Ab dem vierten Jahr werden gezielt ein Kräuterring, Beerensträucher und ein Gemüsebeet integriert. Mit dieser dynamischen Gestaltung könnt ihr die kleinen Klimazonen rund um den Baum, die sich ständig ändern, besonders gut nutzen.

Eine Baumscheibe um einen bereits vorhandenen Apfelbaum wird bepflanzt: erst eine Lage Heu mit Mist, darüber Karton, der anschließend gut gewässert wird, und wenn die Beerensträucher ringsherum gepflanzt sind, kommt noch eine Schicht Stroh darüber

Baumscheibe an einem bereits vorhandenen Baum: Um den Baum wird eine Kreisfläche gemäht. Um diesen Kreis werden Beerensträucher in einem Halbkreis gepflanzt, und zwar so, dass die Sonneneinstrahlung von vorne begünstigt und der Wind von hinten gebremst wird. Es entsteht eine sogenannte Sonnenfalle. Eine zusätzliche Rabatte aus Stauden entlang des inneren Randes des Beerensträucher-Rings kann als weitere Windbremse dienen. Der Innenraum wird mit unbedrucktem Karton ausgelegt und gut gewässert, sodass der Karton mürbe wird. Durch den Karton hindurch werden Pflanzlöcher für verschiedene Kräuter gestochen.

Die Elemente dieser Gestaltung können in Bereiche unterteilt werden:

* Der Baum: Das kann ein Kernobst (wie Apfel, Birne, Quitte), ein Steinobst (wie Pflaume, Aprikose, Pfirsich, Kirsche) oder ein Schalenobst (wie Haselnuss, Mandel) sein.
* Der innere Kreis unter dem Baum: Dort können unterschiedliche Wildkräuter wachsen wie Winterportulak, Gundermann, Vogelmiere, Kapuzinerkresse, Bärlauch, Walderdbeeren, Rucola, Apfelminze, Senfkresse, Lungenkraut, Scharbockskraut, Waldmeister oder Winterheckenzwiebel.
* Der Staudenring: Dort können Puffbohnen, Erbsen, Lupinen, Pflückkohl, Knoblauch, Wilde Möhren, Brennnesseln, Beinwell, Wermut, Löwenzahn, Taubnesseln, Schafgarben, Wegwarten und ab dem dritten Jahr Rainfarn wachsen.
* Der äußere Ring: Er ist ideal für Beerensträucher, wie Stachelbeeren, Johannisbeeren, Himbeeren, Aronia oder Jostabeeren.

Grüne Permakultur in der Stadt

Pilze in der Stadt

Zone 2

Auch Pilze können in der Stadt angebaut werden. Wenn ihr auf eurem Balkon oder im Garten ein schönes schattiges Plätzchen habt, ist es sinnvoll, dies für einen Baumstamm, der mit Pilzsporen geimpft wurde, zu reservieren.

Die Pilzarten könnt ihr nach euren Vorlieben und den örtlichen Bedingungen auswählen. Ob Shiitake, Austernpilze oder andere Arten – die Vielfalt ermöglicht eine spannende und individuelle Pilzzucht.

Der Prozess beginnt mit einem speziell vorbereiteten Baumstamm, der mit den gewünschten Pilzsporen beimpft wird. Dieser Stamm wird dann an dem vorbereiteten schattigen Ort platziert und benötigt nur wenig Pflege, während die Pilze langsam wachsen. Es ist faszinierend, zu beobachten, wie aus dem Baumstamm frische, gesunde Pilze aus lokaler Produktion sprießen.

Beim Pilzanbau könnt ihr auch organische Abfälle nutzen, um die Pilze zu ernähren. Zum Beispiel Kaffeesatz oder Holzspäne als Substrat. Dies fördert die Idee der Kreislaufwirtschaft und schließt den Nährstoffkreislauf.

Wer sich für den urbanen Pilzanbau interessiert, findet bei Projekten wie jenem von »Permagie« von Margarete Brydziun aus Nürnberg (www.permagie.com) nicht nur Ressourcen, Pilzsporen und Anleitungen zum Pilzanbau, sondern auch eine Gemeinschaft von Gleichgesinnten, die ihre Erfahrungen teilen. Der Anbau von Pilzen in der Stadt eröffnet nicht nur neue kulinarische Möglichkeiten, sondern fördert auch die Verbindung von Menschen zur Natur und zur lokalen Lebensmittelproduktion.

Tierhaltung in der Stadt

Zone 2

Auch in der Stadt könnt ihr Tiere halten – jenseits von Hund, Katze und Wellensittich –, euch über die Tiere mehr mit der Natur verbinden, vielleicht gesunde Lebensmittel produzieren. Ihr könnt Bienen und Hühner halten, es gibt die Aquaponik (siehe Seite 107), ihr könnt Kompostwürmer in der Wurmkiste haben (siehe Seite 59) oder Kefir, Kombucha und Sauerteig pflegen (siehe Seite 151). Und natürlich gibt es die klassischen Nisthilfen und Futter für Vögel und Insekten.

Diese vielfältigen Gemeinschaften von Tieren und Mikroorganismen lassen uns aktiv an der Lebensmittelproduktion teilnehmen und die ökologische Vielfalt fördern, während wir zugleich die Herausforderungen und die Freude einer solchen urbanen Tierhaltung erleben.

Bilder links: Hängende Shiitake (unten links), Austernpilze im Topf (oben links) und vorwitzig aus der Tüte wachsend (unten rechts) – Pilze kommen auch klein ganz groß raus

Die Bienenkästen von Jochen Müller stehen auf dem Balkon mitten in der Stadt

Die Stadtbienen

In vielen Städten weltweit gibt es mittlerweile Initiativen und Gemeinschaften, die sich der Bienenhaltung widmen. Diese Stadtbienenprojekte haben verschiedene Vorteile. Zum einen fördern sie die Biodiversität, indem sie dazu beitragen, die Bestäubung von Pflanzen der lokalen Flora zu sichern. Diese Stadtimkerei können wir auch als Umweltschutz sehen, weil Bienen entscheidend für die Bestäubung von Obstbäumen, Blumen und vielen Nutzpflanzen sind. Stadtimkereien bieten Schulungen und Informationsveranstaltungen an, um die städtische Gemeinschaft für die ökologische Bedeutung der Bienen und allgemein der bestäubenden Insekten zu sensibilisieren.

Ähnlich wie in einem Gemeinschaftsgarten könnt ihr euch bei der gemeinsamen Bienenhaltung mit anderen für eine gemeinsame Sache engagieren. Permakultur und Bienenhaltung basieren auf nachhaltigen, umweltfreundlichen Methoden, die die lokale Produktion unterstützen, die städtische Umwelt verbessern und die lokale Lebensmittelproduktion durch verbesserte Bestäubung erhöhen. Darüber hinaus stärken sie die Gemeinschaft durch Bewusstmachen und Bildungsarbeit über ökologische Belange wie zum Beispiel das Insektensterben.

Urban Garden

Guerillagärtnern

Guerillagärtnern ist eine Bewegung, die in vielen Städten weltweit Wurzeln geschlagen hat und sich der »heimlichen« Begrünung von urbanen Räumen widmet: brachliegende Grundstücke, vernachlässigte öffentliche Grünanlagen, Verkehrsinseln oder Gehwege. Aber es kann auch regelkonform betrieben werden. Die Stadt Darmstadt bietet zum Beispiel an, für diese Flächen eine Patenschaft zu übernehmen. Dafür werden Stauden und Saatgut empfohlen und kostengünstig von der Stadt abgegeben. Ein Schild, das aufgestellt werden kann, liefert Informationen dazu.

Kisten-Gärtnern

Beete in Kisten oder Paletten-Hochbeete sind platzsparende Möglichkeiten, um Gemüse und Kräuter auf kleinem Raum anzubauen. So können naturferne Flächen wie Innenhöfe oder Straßenränder für das Gärtnern genutzt werden. Wenn ihr dafür Paletten oder andere Materialien wiederverwendet, berücksichtigt ihr auch Nachhaltigkeitsaspekte. Die Kisten werden befüllt wie ab Seite 45 beschrieben.

Gärtnern auf der Dachterrasse – Rooftop Garden

Da wir in der Stadt oft nur wenig Platz zur Verfügung haben, sind Dachterrassen eine gute Möglichkeit, um eine grüne Oase zu schaffen und gleichzeitig gesundes Obst und Gemüse anzubauen. Dachgärten können auch das Mikroklima in der Stadt verbessern, indem sie dazu beitragen, die Hitze zu reduzieren und die Luftqualität zu verbessern. Für das Gärtnern auf einer Dachterrasse könnt ihr das Gemüse und Obst in Kisten oder in Hochbeete pflanzen. Das spart Platz und ist recht pflegeleicht.

Beim Gärtnern auf Dachterrassen müssen jedoch einige Dinge beachtet werden. Das Gewicht des Gartens kann die Struktur des Gebäudes beeinträchtigen, was zum Problem werden kann. Daher müssen Dachgärten oft auf speziell verstärkten Dachterrassen angelegt werden. Außerdem muss sichergestellt werden, dass die Erde ausreichend mit Nährstoffen versorgt wird und ausreichend Wasser vorhanden ist, weil Pflanzen auf Dachterrassen oft höheren Temperaturen und stärkeren Winden, die sie austrocknen können, ausgesetzt sind.

Urban Garden

Initiative »Essbare Stadt«

Die Idee der »Essbaren Stadt« findet ihre Inspiration in Projekten wie der »Essbaren Stadt Andernach« und den herausragenden Bemühungen von Lutz Kosack und Heike Boomgaarden. Die Stadt Andernach, im nördlichen Rheinland-Pfalz, gilt als internationales Vorzeigeprojekt der Urban-Gardening-Bewegung und für nachhaltige Stadtentwicklung.

In Andernach, mit seinen rund 30 000 Einwohnern, wurde eine beeindruckende Veränderung herbeigeführt. Das Motto lautet dort nicht »Betreten verboten«, sondern »Pflücken erlaubt«. Beete mit Obst und Gemüse erstrecken sich rund um die Schlossruine im Zentrum, während am Stadtrand ein 13 Hektar großes Permakultur-Projekt entstanden ist. Diese Initiative hat nicht nur zu einer starken Identifikation der Bürgerinnen und Bürger mit ihrer Stadt geführt, sondern ermöglicht es den Menschen auch, ihren Speiseplan direkt vor Ort zu ergänzen.

Auch in der südhessischen Stadt Darmstadt, in der ich lebe, möchte man einen ökologischen und sozialen Umbau der Stadt voranzutreiben. Die »Initiative Essbares Darmstadt« plant in Zusammenarbeit mit anderen städtischen Akteuren, Pflanzen, Erde, Know-how und Wasser bereitzustellen, idealerweise kostenlos. Ziel ist es, die Stadt mit blühenden Wegrändern und essbaren Rabatten zu begrünen, von Kräutern für die Küche über Gemüse zum Naschen bis hin zu Obst für den Schulweg. Lern- und Genusswege sollen größere Gärten miteinander verbinden und auch eine neue Form der Nachbarschaft fördern.

Garten • Naturschutz • Permakultur
Lebensräume • Ernährung

Gesamtverzeichnis

Stand: Januar 2025, Preisänderungen vorbehalten

Naturnahes Grün

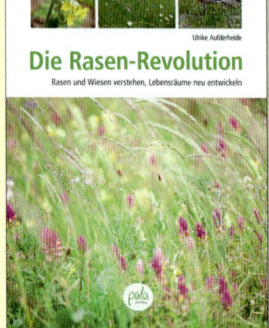

Ulrike Aufderheide:
Die Rasen-Revolution
Rasen und Wiesen verstehen,
Lebensräume neu entwickeln
176 Seiten, Hardcover, 24,90 €
ISBN: 978-3-89566-433-5

Endlich Naturgarten!

Birgit Helbig
Mein Garten wird ein Naturgarten
Lebensraum für Menschen, Pflanzen und Tiere gestalten. Gleich loslegen mit vielen Profi-Tipps
192 Seiten, Hardcover, 24,90 €, ISBN: 978-3-89566-439-7
Neuerscheinung Dezember 2024

Ulrike Aufderheide: **Tiere pflanzen**
Faszinierende Partnerschaften zwischen
Pflanzen und Tieren. 18 attraktive
Lebensräume im Naturgarten gestalten
176 Seiten, Hardcover, 24,90 €
ISBN: 978-3-89566-388-8

**Deutscher Gartenbuchpreis,
Schloss Dennenlohe 2020
1. Platz Bestes Buch »Tiere im Garten«**

Ulrike Aufderheide:
**Klimafest und artenreich –
das Naturgartenprinzip**
Klimakrise verstehen und
Gärten naturnah verwandeln
Selbst aktiv werden: Tiere pflanzen
176 Seiten, Hardcover, 24,90 €
ISBN: 978-3-89566-429-8

Naturillustrationen begleiten durchs Jahr

Christopher Schmidt:
Mein Naturkalender 2026
Naturillustrationen von
Christopher Schmidt
148 Seiten, 22,00 €
Format 16 cm × 23 cm
ISBN: 978-3-89566-446-5
Neuerscheinung Juni 2025

- *Wochenkalender*
- *fester Einband*
- *robuste Spiralbindung*
- *FSC-Papier*
- *durchgängig farbig illustriert*
- *Doppelseite pro Kalenderwoche*
- *jahreszeitliche Naturmotive für jede Kalenderwoche*

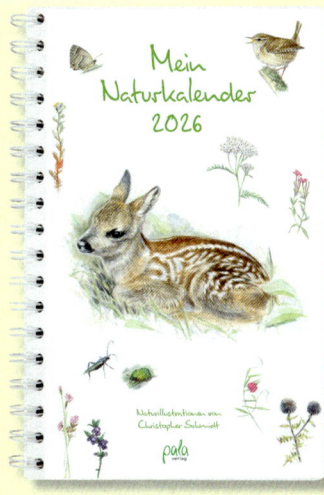

Christopher Schmidt:
Vogelimpressionen 2026
Naturillustrationen von Christopher Schmidt
14 Seiten, hochwertiges Papier, 22,00 €
Wire O Bindung, stabile Rückwand
Format 23,5 cm × 33,5 cm
ISBN: 978-3-89566-447-2
Neuerscheinung Juni 2025

Christopher Schmidt:
Geburtstagskalender
Naturillustrationen von Christopher Schmidt
13 Seiten, hochwertiges Papier, 24,90 €
Wire O Bindung, stabile Rückwand
Format 23,5 cm × 33 cm
ISBN: 978-3-89566-438-0

Kenntnisreich berichtet dieses Buch über alle 15 Kranicharten der Welt: über ihre Lebensräume, Zugrouten und Tanzposen ebenso wie über ihre Gefährdung. Brillante Illustrationen und einfühlsame Aquarelle zeigen die einzigartige Schönheit dieser Vögel des Glücks und halten ganz besondere Momente fest.

Christopher Schmidt: **Die Kraniche der Welt**
176 Seiten, Hardcover, 29,90 €, ISBN: 978-3-89566-410-6

Für Artenvielfalt und Biodiversität

Sigrid Tinz: **Nahrungsnetze für Artenvielfalt**
Ein Buch vom Fressen und Gefressenwerden
160 Seiten, Hardcover, 19,90 €
ISBN: 978-3-89566-417-5

Sigrid Tinz:
Haufenweise Lebensräume
Ein Lob der Unordnung im Garten
Naturschutzprojekte, Artenvielfalt, Gestaltung
192 Seiten, Hardcover, 24,90 €
ISBN: 978-3-89566-389-5

Sigrid Tinz: **Mein Garten – mehr Arten**
12 Projekte für blütenreiches Grün
einfach, tierfreundlich, klimafest
176 Seiten, Hardcover, 22,00 €
ISBN: 978-3-89566-432-8

Sigrid Tinz:
Selbst ist die Pflanze
Einfach gärtnern – wie Samen sich verbreiten und den Garten gestalten
176 Seiten, Hardcover, 22,00 €
ISBN: 978-3-89566-372-7

Sigrid Tinz:
Friede den Maulwürfen!
Bösewichte und Plagen im Garten – und wie wir mit ihnen klarkommen
162 Seiten, Hardcover, 18,00 €
ISBN: 978-3-89566-393-2

Sigrid Tinz: **Enkeltauglich gärtnern.** Gut für Klima, Mensch, Natur
176 Seiten, Hardcover, 22,00 €, ISBN: 978-3-89566-399-4

Bücher von Peter Wohlleben

Peter Wohlleben: **Kranichflug und Blumenuhr**
Naturphänomene im Garten
beobachten, verstehen und nutzen
160 Seiten, Hardcover, 19,90 €
ISBN: 978-3-89566-384-0

Peter Wohlleben:
Bäume verstehen
Was uns Bäume erzählen,
wie wir sie naturgemäß pflegen
192 Seiten, Hardcover, 19,90 €
ISBN: 978-3-89566-365-9

Peter Wohlleben: **Menschenspuren im Wald**
Ein Waldführer der besonderen Art
160 Seiten, Hardcover, 22,00 €
ISBN: 978-3-89566-352-9

Peter Wohlleben: **Die Gefühle der Tiere**
Von glücklichen Hühnern, liebenden Ziegen und träumenden Hunden
162 Seiten, Hardcover, 19,90 €, ISBN: 978-3-89566-364-2

Wilde Blumen für schöne Gärten

Brigitte Kleinod und Friedhelm Strickler: **Schön wild!**
Attraktive Beete mit heimischen Wildstauden im Garten. 22 Gestaltungsideen für jeden Standort
160 Seiten, Hardcover, 24,90 €, ISBN: 978-3-89566-367-3

Brigitte Kleinod und Friedhelm Strickler: **Unser blühendes Dach**
Naturnahe Dachbegrünung mit und ohne Solaranlage für mehr Biodiversität und Klimaschutz
Erfahrungen und Anleitungen für die Praxis
176 Seiten, Hardcover, 24,90 €, ISBN: 978-3-89566-440-3
Neuerscheinung März 2025

Katharina Heuberger: **Mein wilder Meter**
Balkon und Topfgarten naturnah gestalten
Tiere beobachten aus nächster Nähe
160 Seiten, Hardcover, 22,00 € ISBN: 978-3-89566-428-1

Ulrike Aufderheide:
Kleiner Garten naturnah
Naturoasen im
Wohnzimmerformat lebendig
und schön gestalten
176 Seiten, Hardcover
22,00 €
ISBN: 978-3-89566-412-0

**Deutscher Gartenbuchpreis,
Schloss Dennenlohe 2022
3. Platz »Bester Ratgeber«**

Michael Altmoos:
Besonders: Schmetterlinge
Kreativer Schmetterlingsschutz
für Landschaft und Garten
208 Seiten, Hardcover, 24,90 €
ISBN: 978-3-89566-408-3

**Deutscher Gartenbuchpreis,
Schloss Dennenlohe 2021,
2. Platz »Tiere im Garten«**

Michael Altmoos:
Mehr Wildnis wagen!
Naturdynamik erkennen, erleben, fördern
208 Seiten, Hardcover, 24,90 €
ISBN: 978-3-89566-424-3

Michael Altmoos:
Der Moosgarten
Naturnah gestalten mit Moosen
208 Seiten, Hardcover, 24,90 €
ISBN: 978-3-89566-387-1

Naturnahe Erlebnisräume gestalten

Werner David: **Fertig zum Einzug: Nisthilfen für Wildbienen**
Leitfaden für Bau und Praxis – so gelingt's
160 Seiten, Hardcover, 22,00 €, ISBN: 978-3-89566-358-1

Wolf Richard Günzel: **Das Insektenhotel**
Naturschutz erleben. Bauanleitungen Tierporträts Gartentipps
176 Seiten, Hardcover, 18,00 €, ISBN: 978-3-89566-385-7

Ulrike Aufderheide: **Schöne Wege im Naturgarten**
Wege, Plätze und Einfahrten als Lebensräume
176 Seiten, Hardcover, 19,90 €, ISBN: 978-3-89566-340-6

Irmela Erckenbrecht und Rainer Lutter: **Der Spielgarten**
Naturnahe Erlebnisräume für Kinder im Garten
Bewegen • Verstecken • Entdecken
160 Seiten, Hardcover, 22,00 €, ISBN: 978-3-89566-313-0

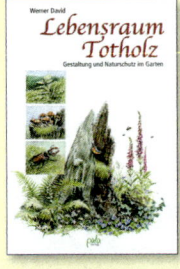

Werner David:
Lebensraum Totholz
Gestaltung und Naturschutz im Garten
180 Seiten, Hardcover, 19,90 €
ISBN: 978-3-89566-270-6

Irmela Erckenbrecht und Rainer Lutter:
Sichtschutz im lebendigen Garten
Kreative Lösungen für Gartengrenzen,
Sitzplätze und Terrassen
200 Seiten, Hardcover, 19,90 €
ISBN: 978-3-89566-268-3

Brigitte Kleinod:
Grüne Wände für Haus und Garten
Attraktive Lebensräume mit Kletterpflanzen
Planen • Bauen • Bepflanzen
180 Seiten, Hardcover, 19,90 €
ISBN: 978-3-89566-339-0

Praxiswissen für den Naturgarten

Paula Polak: **Regenwasser nutzen – ein Geschenk für meinen Garten**
Klug planen und naturnah gestalten bei Trockenheit
176 Seiten, Hardcover, 24,90 €, ISBN: 978-3-89566-427-4

Ulrike Aufderheide:
Öffentliche und gewerbliche Grünflächen naturnah
Praxishandbuch für die Anlage und Pflege
208 Seiten, Hardcover, 30,00 €, ISBN: 978-3-89566-420-5

Herausgegeben von
Heinz Sielmann Stiftung,
NaturGarten e. V., Naturpark Our,
Umweltzentrum Hannover e. V.

Uwe Westphal: **Hecken – Lebensräume in Garten und Landschaft.** Ökologie • Artenvielfalt • Praxis
198 Seiten, Hardcover, 19,90 €, ISBN: 978-3-89566-296-6

Ulrike Aufderheide: **Der sanfte Schnitt**
Schonend schneiden im Naturgarten
Obstbäume, Rosen, Wildgehölze und mehr
198 Seiten, Hardcover, 19,90 €, ISBN: 978-3-89566-320-8

Christof Sandt:
Kleine Anleitung zum Gehölzschnitt
So einfach wie möglich!
Obstbäume und Ziergehölze fachgerecht pflegen
120 Seiten, Hardcover, 16,00 €
ISBN: 978-3-89566-398-7

Sigrid Tinz: **Der Friedhof lebt!**
Orte für Artenvielfalt,
Naturschutz und Begegnung
160 Seiten, Hardcover, 19,90 €
ISBN: 978-3-89566-413-7

Agnes Pahler:
Lebensraum Gehölz
Bäume und Sträucher im naturnahen Garten
192 Seiten, Hardcover, 19,90 €
ISBN: 978-3-89566-418-2

Eichhörnchen im Garten

Birte Alber, Carsten Cording:
Eichhörnchen entdecken!
Unsere wilden Nachbarn –
ihre Lebensweise, ihre Besonderheiten
144 Seiten, Softcover, 22,00 €
Format 21,5 cm × 22,5 cm
ISBN: 978-3-89566-441-0

Artgerechte Tierhaltung

Annette Arnold, René Reibetanz: **Alles für die Ziege**
Handbuch für die artgerechte Haltung
192 Seiten, Hardcover, 24,90 €, ISBN: 978-3-89566-383-3

Annette Arnold, René Reibetanz: **Alles für das Schaf**
Handbuch für die artgerechte Haltung
180 Seiten, Hardcover, 22,00 €, ISBN: 978-3-89566-236-2

Christine Hömmerich:
Papageienhaltung – aber richtig
192 Seiten, Hardcover, 19,90 €
ISBN: 978-3-89566-222-5

Nina Dittmann: **Wachteln im Garten**
Artgerechte Haltung Japanischer Legewachteln
160 Seiten, Softcover, 22,00 €
ISBN: 978-3-89566-443-4
überarbeitete Neuauflage Januar 2025

Silke Braemer: **Von großen und kleinen Hühnern.** Meine Zeit als Glucke
144 Seiten, Hardcover, 16,00 €, ISBN: 978-3-89566-415-1

Silke Braemer: **Auf Augenhöhe mit Hühnern.** Erlebnisse mit gefiederten Mitbewohnern
128 Seiten, Hardcover, 16,00 €, ISBN: 978-3-89566-397-0

Tiergestützte Therapie und Pädagogik

Andrea Göhring, Jutta Schneider-Rapp:
Bauernhoftiere bewegen Kinder
Tiergestützte Therapie und Pädagogik
mit Schaf, Kuh und Co. – ganz praktisch
208 Seiten, Hardcover, 28,00 €
ISBN: 978-3-89566-368-0

Andrea Göhring, Jutta Schneider-Rapp:
**Bauernhoftiere bewegen
Seniorinnen und Senioren**
Tiergestützte Aktivierung rund um
Huhn, Kuh und Co.
200 Seiten, Hardcover, 28,00 €
ISBN: 978-3-89566-421-2

Für Vogelbegeisterte und Naturgucker

Uwe Westphal:
Das große Buch der Gartenvögel
Unsere Vögel im Garten
erleben, fördern, schützen
Illustrationen von Christopher Schmidt
288 Seiten, Hardcover, 29,90 €
ISBN: 978-3-89566-375-8

Farina Graßmann:
Wunderwelt Moor
Heimische Moore, ihre Bewohner und
ihre Bedeutung im Klimaschutz
176 Seiten, Hardcover, 24,90 €
ISBN: 978-3-89566-431-1

Uwe Westphal: **Mehr Platz für den Spatz!**
Spatzen erleben, verstehen, schützen
Illustrationen von Christopher Schmidt
192 Seiten, Hardcover, 24,90 €, ISBN: 978-3-89566-353-6

Farina Graßmann: **Wunderwelt heimische Amphibien**
Alle 29 Arten im Porträt • Amphibienschutz
• amphibienfreundlicher Garten
176 Seiten, Hardcover, 22,00 €, ISBN: 978-3-89566-419-9

Farina Graßmann:
Wunderwelt Totholz
Unterwegs im Lebensraum
von Waldkauz, Hirschkäfer
und Holunderschwamm
160 Seiten, Hardcover, 22,00 €
ISBN: 978-3-89566-401-4

Elvira Werkman: **Vögel und die Liebe**
Mit Illustrationen von Stef den Ridder
Aus dem Niederländischen
übersetzt von Stephanie Wloch
128 Seiten, Hardcover, 18,00 €
ISBN: 978-3-89566-409-0

Uwe Westphal:
Vogelstimmen in Wald und Hecke
Vögel, Bäume, Sträucher –
entdecken und verstehen
184 Seiten, Hardcover, 24,90 €
ISBN: 978-3-89566-416-8

Leben und Handwerk für eine bessere Welt

Andreas Telkemeier: **Permakultur in der Stadt**
Von der Vision nachhaltigen Lebens im urbanen Raum
176 Seiten, Hardcover, 24,90 €, ISBN: 978-3-89566-434-2

pro Buch 2 € Spende an atavus e. V. – den Trägerverein von sevengardens

Irmela Erckenbrecht und Peter Reichenbach:
Farbstark mit sevengardens. Das Färbergarten-Netzwerk für eine bessere Welt.
Mit Pflanzenfarben malen, färben und gestalten
176 Seiten, Hardcover, 24,90 €, ISBN: 978-3-89566-370-3

Johannes Wirz und Norbert Poeplau: **Imkern mit der Einraumbeute**
Einfach und wesensgemäß Bienen pflegen. Das Original von Mellifera e. V.
176 Seiten, Hardcover, 24,90 €, ISBN: 978-3-89566-402-1

Almut Tobis und Norbert Poeplau: **Heilkraft aus dem Bienenstock**
Selbst gemachte Naturheilmittel aus wesensgemäßer Bienenhaltung
160 Seiten, Hardcover, 19,90 €, ISBN: 978-3-89566-426-7

Erhard Maria Klein: **Wesensgemäße Bienenhaltung in der Bienenkiste**
Lernen von der Natur – Imkern mit Respekt. Mit großem Praxisteil
162 Seiten, Hardcover, 16,00 €, ISBN: 978-3-89566-341-3

Erhard Maria Klein: **Die Bienenkiste.** Selbst Honigbienen halten – einfach und natürlich
160 Seiten, Hardcover, 16,00 €, ISBN: 978-3-89566-309-3

Ulrike Aufderheide und Edwin Schröter: **Workshop Korbflechten**
Flechtarbeiten für den Garten. Schritt für Schritt selbst gemacht
176 Seiten, Hardcover, 22,00 €, ISBN: 978-3-89566-369-7

Gartenpflege im Kreislauf der Natur

Astrid Rieger: **BodenLeben.** Eine Liebeserklärung an alles Lebendige
144 Seiten, Hardcover, 19,90 €, ISBN: 978-3-89566-425-0

Tobias Bode: **Unser naturnaher Kleingarten.** Artenvielfalt und Ernteglück im Schrebergarten
192 Seiten, Hardcover, 24,90 €, ISBN: 978-3-89566-435-9

Graham Bell: **Der Permakultur-Garten**
Anbau in Harmonie mit der Natur
176 Seiten, Hardcover, 22,00 €, ISBN: 978-3-89566-196-9

Andrea Preißler-Abou El Fadil: **Gärtnern nach dem Terra-Preta-Prinzip**
Praxiswissen für dauerhaft fruchtbare Gartenerde
160 Seiten, Hardcover, 22,00 €, ISBN: 978-3-89566-376-5

Graham Bell: **Permakultur praktisch**
Schritte zum Aufbau einer sich selbst erhaltenden Welt
216 Seiten, Hardcover, 24,90 €, ISBN: 978-3-89566-197-6

Bill Mollison: **Permakultur konkret**
Entwürfe für eine ökologische Zukunft
176 Seiten, Hardcover, 22,00 €, ISBN: 978-3-89566-198-3

Masanobu Fukuoka

Masanobu Fukuoka: **Der Große Weg hat kein Tor**
Nahrung • Anbau • Leben
176 Seiten, Hardcover, 19,90 €
ISBN: 978-3-89566-206-5

Weitere Bücher von Masanobu Fukuoka:

Rückkehr zur Natur
160 Seiten, Paperback, 18,00 €, ISBN: 978-3-923176-46-5

In Harmonie mit der Natur
152 Seiten, Paperback, 18,00 €, ISBN: 978-3-923176-47-2

Die Suche nach dem verlorenen Paradies
192 Seiten, Paperback, 22,00 €, ISBN: 978-3-923176-63-2

Lebensräume schaffen im Garten

Wolf Richard Günzel: **Ein Garten für Eidechsen**
Lebensräume schaffen im naturnahen Garten
144 Seiten, Hardcover, 16,00 €
ISBN: 978-3-89566-334-5

Dirk A. Diehl:
Ein Garten für Fledermäuse
Lebensräume schaffen im
naturnahen Garten
162 Seiten, Hardcover, 16,00 €
ISBN: 978-3-89566-311-6

Wolf Richard Günzel: **Der igelfreundliche Garten**
So machen Sie Ihren Garten
zum Paradies (nicht nur) für Igel
128 Seiten, Hardcover, 12,90 €
ISBN: 978-3-89566-250-8

Wolf Richard Günzel: **Lebensräume schaffen**
180 Seiten, Hardcover, 18,00 €
ISBN: 978-3-89566-225-6

Brigitte Kleinod: **Nachts in meinem Garten**
200 Seiten, Hardcover, 18,00 €
ISBN: 978-3-89566-330-7

Klaus Richarz: **Vögel in der Stadt**
160 Seiten, Hardcover, 19,90 €
ISBN: 978-3-89566-343-7

Werner David: **Von Fallenstellern
und Liebesschwindlern**
180 Seiten, Hardcover, 16,00 €
ISBN: 978-3-89566-267-6

Die Kräuterspirale

Irmela Erckenbrecht:
Die Kräuterspirale
Bauanleitung • Kräuterporträts • Rezepte
160 Seiten, Hardcover, 18,00 €
ISBN: 978-3-89566-290-4

Irmela Erckenbrecht:
Wie baue ich eine Kräuterspirale?
Leitfaden für die Gartenpraxis
160 Seiten, Hardcover, 14,00 €
ISBN: 978-3-89566-220-1

Irmela Erckenbrecht: **Neue Ideen für die Kräuterspirale**
Themenspiralen • Gestaltungsvorschläge • Variationen
200 Seiten, Hardcover, 19,90 €, ISBN: 978-3-89566-240-9

Irmela Erckenbrecht: **Duftoase Kräuterspirale**
Duftkräuter, Rosen, Heilpflanzen. Neue Ideen zum Bauen, Pflanzen, Wohlfühlen
200 Seiten, Hardcover, 18,00 €, ISBN: 978-3-89566-344-4

Außerdem für Spiralenfans:

Claudia Molnar: **Spiralen – ein Spaziergang.** Gärten, Parks und Plätze
112 Seiten, Hardcover, 14,90 €, ISBN: 978-3-89566-366-6

Die Drei Schwestern im Garten

Natalie Faßmann: **Das Indianerbeet**
Die Drei Schwestern im Garten. Eine geniale Mischkultur
160 Seiten, Hardcover, 16,00 €, ISBN: 978-3-89566-351-2

Dazu passen:

Petra Müller-Jani und Joachim Skibbe: **Köstliche Kürbisküche**
220 Seiten, Hardcover, 18,00 €, ISBN: 978-3-89566-319-2

Astrid Martínez Paternina: **Mais – das goldene Korn**
Bunte Vielfalt für Küche und Garten
220 Seiten, Hardcover, 19,90 €, ISBN: 978-3-89566-327-7

Ulla Grall: **Bohnen – vom Garten in die Küche**
220 Seiten, Hardcover, 19,90 €, ISBN: 978-3-89566-298-0

Praxiswissen für den Biogarten

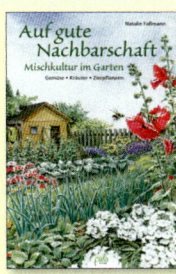

Natalie Faßmann:
Beinwelljauche, Knoblauchtee & Co.
Pflanzenauszüge zum Düngen und Stärken
Rezepte • Gartenpraxis • Pflanzenporträts
160 Seiten, Hardcover, 16,00 €
ISBN: 978-3-89566-312-3

Natalie Faßmann: **Auf gute Nachbarschaft**
Mischkultur im Garten
Gemüse • Kräuter • Zierpflanzen
160 Seiten, Hardcover, 18,00 €
ISBN: 978-3-89566-257-7

Sofie Meys:
Schneckenalarm!
So machen Sie Ihren Garten
zur schneckenberuhigten Zone
Mit Cartoons von Renate Alf
144 Seiten, Taschenbuch, 14,00 €
ISBN: 978-3-89566-442-7

Dettmer Grünefeld:
Das Mulchbuch
Praxis der Bodenbedeckung
im Garten
162 Seiten, Hardcover, 18,00 €
ISBN: 978-3-89566-218-8

Agnes Pahler:
Das Kompostbuch
Gartenpraxis für Selbstversorger
und Hobbygärtner
160 Seiten, Hardcover, 18,00 €
ISBN: 978-3-89566-315-4

Dr. Ralf Klinger:
Regenwürmer – Helfer im Garten
Lebendiger Boden • Gesunde Pflanzen
• Reiche Ernte
176 Seiten, Hardcover, 14,00 €
ISBN: 978-3-89566-282-9

Natalie Faßmann: **Das Kraterbeet**
Mischkultur im runden Beet –
Kraterbeete, Senkgärten und Sonnenfallen
144 Seiten, Hardcover, 16,00 €
ISBN: 978-3-89566-355-0

Brigitte Kleinod: **Das Hochbeet**
Vielfältige Gestaltungsideen für
Gemüse-, Kräuter- und Blumengärten
160 Seiten, Hardcover, 18,00 €
ISBN: 978-3-89566-261-4

Brigitte Kleinod: **Rückenfreundlich gärtnern**
Richtig bewegen, Gelenke schonen,
pflegeleicht gestalten
176 Seiten, Hardcover, 22,00 €
ISBN: 978-3-89566-382-6

Brigitte Kleinod: **Neue Ideen für Hochbeete**
Beetvariationen • Pflanzterrassen • Tischbeete • mobile Gärten
140 Seiten, Hardcover, 16,00 €, ISBN: 978-3-89566-287-4

Natalie Faßmann: **In die Falle gegangen.** Pflanzenschutz mit Gelbtafel, Leimgürtel,
Schutznetz & Co. 140 Seiten, Hardcover, 16,00 €, ISBN: 978-3-89566-288-1

Thomas Lohrer: **Marienkäfer, Glühwürmchen, Florfliege & Co.** Nützlinge im Garten
160 Seiten, Hardcover, 16,00 €, ISBN: 978-3-89566-277-5

Vegetarisch und ökologisch von Anfang an

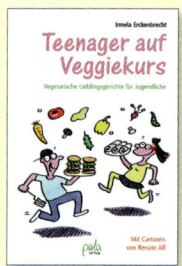

Irmela Erckenbrecht:
Auf Veggiekurs durch die Schwangerschaft
Alles Wichtige zur vegetarischen Ernährung
Mit Fotografien von Hanna Rudolf
180 Seiten, Hardcover, 19,90 €, ISBN: 978-3-89566-362-8

Jutta Grimm: **Ratgeber Stoffwindeln**
Anders wickeln. Gesund fürs Kind und gut für die Umwelt
Mit Fotografien von Hanna Rudolf
144 Seiten, Hardcover, 19,90 €, ISBN: 978-3-89566-395-6

Irmela Erckenbrecht: **Das vegetarische Baby**
Schwangerschaft • Stillzeit • Erstes Lebensjahr
200 Seiten, Hardcover, 19,90 €, ISBN: 978-3-89566-308-6

Irmela Erckenbrecht:
Teenager auf Veggiekurs
Vegetarische Lieblingsgerichte
für Jugendliche
Mit Cartoons von Renate Alf
198 Seiten, Hardcover, 19,90 €
ISBN: 978-3-89566-321-5

Irmela Erckenbrecht:
**So schmeckt's
Kindern vegetarisch**
fachkundiger Rat •
praktische Tipps •
150 köstliche Rezepte
200 Seiten, Hardcover, 19,90 €
ISBN: 978-3-89566-304-8

Ayurveda – Die Kunst des Kochens

Petra Müller-Jani und Joachim Skibbe:
Ayurveda – Die Kunst des Kochens
vollwertig & individuell
288 Seiten, Hardcover, 29,90 €
ISBN: 978-3-89566-307-9

P. Müller-Jani und J. Skibbe: **Backen nach Ayurveda**
Brot, Brötchen & Pikantes. vollwertig & individuell
200 Seiten, Hardcover, 19,90 €, ISBN: 978-3-89566-323-9

P. Skibbe und J. Skibbe: **Ayurveda – Feiern und Genießen**
Rezepte rund ums Jahr
176 Seiten, Hardcover, 16,00 €, ISBN: 978-3-89566-187-7

P. Müller-Jani und J. Skibbe:
**Backen nach Ayurveda
Kuchen, Torten & Gebäck**
eifrei & vollwertig
200 Seiten, Hardcover, 19,90 €
ISBN: 978-3-89566-324-6

Vegetarisches fürs Fest

Lena Brorsson Alminger:
Vegetarische Jul
Weihnachtliche Rezepte aus Schweden
126 Seiten, Hardcover, 14,00 €
ISBN: 978-3-89566-394-9

Anja Völkel:
**Zauberhafte Weihnachtsbäckerei –
glutenfrei**
162 Seiten, Hardcover, 16,00 €
ISBN: 978-3-89566-338-3

Heike Kügler-Anger: **Vegetarisches fürs Fest.** Weihnachtliche Rezepte aus aller Welt
162 Seiten, Hardcover, 14,00 €, ISBN: 978-3-89566-396-3

Angelika Eckstein: **Vegane Weihnachtsbäckerei.** Vollwertige Rezepte
160 Seiten, Hardcover, 14,00 €, ISBN: 978-3-89566-275-1

Herbert Walker: **Vollwertige Weihnachtsbäckerei mit Pfiff**
176 Seiten, Hardcover, 14,00 €, ISBN: 978-3-89566-246-1

Kreativ, vollwertig, gesund

Alexander Neukert: **Glutenfrei vegan**
Einfach köstlich – ohne Laktose und Gluten
180 Seiten, Hardcover, 19,90 €
ISBN: 978-3-89566-362-8

Anna Lena Böckel, Uwe Schröder, Günter Wagner:
Flowfood
Snacks für mehr Energie, Fitness und Konzentration
80 Rezepte für Riegel, Bällchen, Sportgels und Co.
Mit Fotografien von Hanna Rudolf
160 Seiten, Hardcover, 19,90 €
ISBN: 978-3-89566-386-4

Jutta Grimm: **Magisch fix**
Selbst gemachte Basics für die Küche
umweltfreundlich und gesund
Mit Fotografien von Hanna Rudolf
192 Seiten, Hardcover, 22,00 €
ISBN: 978-3-89566-373-4

Elke Puchtler: **Lavendelschätze**
Von Pflanzen, Düften und Menschen
Gartenpraxis, Heilkraft,
Entspannung, Rezepte
192 Seiten, Hardcover, 22,00 €
ISBN: 978-3-89566-377-2

Stefanie Horn:
Natürlich fermentierte Nüsse
Die Entstehung gereifter Nusslaibe
Wie ich in Patagonien
etwas komplett Neues entdeckte
192 Seiten, Hardcover, 19,90 €
ISBN: 978-3-89566-392-5

Fachkundiger Rat in Ernährungsfragen

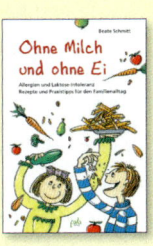

Roswitha Stracke: **Nickelallergie**
Ratgeber bei Kontakt-und Lebensmittelallergie. Mit großem Rezeptteil
200 Seiten, Hardcover, 22,00 €, ISBN: 978-3-89566-332-1

Nadja Schäfers: **Histaminarm kochen – vegetarisch**
Köstliche Rezepte und Praxistipps bei Histaminintoleranz
162 Seiten, Hardcover, 19,90 €, ISBN: 978-3-89566-263-8

Simone Stefka: **Glutenfrei backen**
Brot, Kuchen und Gebäck bei Zöliakie. Rezepte ohne Fertigmischungen
220 Seiten, Hardcover, 19,90 €, ISBN: 978-3-89566-226-3

Beate Schmitt: **Ohne Milch und ohne Ei**
Allergien und Laktose-Intoleranz. Rezepte und Praxistipps für den Familienalltag
160 Seiten, Hardcover, 16,00 €, ISBN: 978-3-89566-347-5

Friederike Kuppe: **Unser Baby hat Neurodermitis – wir schaffen das!**
160 Seiten, Hardcover, 16,00 €, ISBN: 978-3-89566-230-0

Dr. Bettina Pabel: **Natürlich glutenfrei.** Alltagsratgeber bei Zöliakie
Mit Rezepten von Marlis Weber. 180 Seiten, Hardcover, 16,00 €, ISBN: 978-3-89566-204-1

Vegetarische Vollwertküche von Herbert Walker

Süßkartoffeln
Vollwertig kochen und backen
144 Seiten, Hardcover, 16,00 €
ISBN: 978-3-89566-381-9

Vegetarisch kochen mit Pilzen
Steinpilz, Seitling, Shiitake & Co.
vollwertige Rezepte
160 Seiten, Hardcover, 16,00 €
ISBN: 978-3-89566-289-9

Schnelle Vollwertküche mit Pfiff
140 Seiten, Hardcover, 14,00 €
ISBN: 978-3-89566-167-9

Vollwertig kochen und backen mit Pfiff – ohne tierisches Eiweiß
240 Seiten, Hardcover, 22,00 €, ISBN: 978-3-89566-146-4

Vollwertkuchen mit Pfiff. Köstliche Backrezepte für alle Gelegenheiten
160 Seiten, Hardcover, 18,00 €, ISBN: 978-3-89566-217-1

Desserts & mehr. Vollwertige Süßspeisen mit Pfiff
176 Seiten, Hardcover, 14,00 €, ISBN: 978-3-89566-229-4

Schwäbisch kochen – vollwertig mit Pfiff
160 Seiten, Hardcover, 12,90 €, ISBN: 978-3-89566-208-9

Sporternährung

Günter Wagner, Uwe Schröder: **Essen Trinken Gewinnen**
Praxishandbuch für die Sporternährung. Mit großem Rezeptteil
160 Seiten, Hardcover, 16,00 €, ISBN: 978-3-89566-251-5

Günter Wagner, Dr. med. J. M. Peil, Uwe Schröder: **Trink Dich Fit**
Handbuch für das richtige Trinken. Sport • Beruf • Freizeit
176 Seiten, Hardcover, 16,00 €, ISBN: 978-3-89566-291-1

Anna Lena Böckel, Uwe Schröder, Günter Wagner: **Fit mit Kokos**
Vegetarische Genussrezepte. Für geistige und sportliche Fitness
176 Seiten, Hardcover, 16,00 €, ISBN: 978-3-89566-356-7

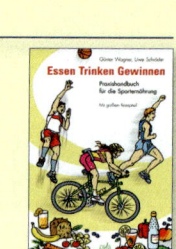

Ratgeber für ein gutes Leben

Irmela Erckenbrecht: **Probier's vegan**
Leitfaden zur veganen Ernährung mit großem Praxisteil. kompetent • verlässlich • nachhaltig
220 Seiten, Hardcover, 19,90 €, ISBN: 978-3-89566-335-2

Kirsten Homuth: **Ernährungsumstellung – eine Chance für mein hyperaktives Kind**
176 Seiten, Hardcover, 16,00 €, ISBN: 978-3-89566-142-6

Walter Schwebel: **Die späte Kür.** Aufbruch in den aktiven Unruhestand
200 Seiten, Hardcover, 16,00 €, ISBN: 978-3-89566-223-2

Regine Dapra: **Ich lebe mit Osteoporose**
180 Seiten, Hardcover, 16,00 €, ISBN: 978-3-89566-254-6

Elisabeth Manke: **Ich lebe gut mit Diabetes Typ 2**
160 Seiten, Hardcover, 16,00 €, ISBN: 978-3-89566-216-4

Renate Frommhold: **In Bewegung kommen**
Erfahrungsbericht einer Multiple-Sklerose-Patientin
144 Seiten, Hardcover, 16,00 €, ISBN: 978-3-89566-214-0

Helen und Scott Nearing

Helen und Scott Nearing: **Ein gutes Leben leben**
Inspiration für Menschen auf der Suche
180 Seiten, Hardcover, 19,90 €, ISBN: 978-3-89566-207-2

Helen und Scott Nearing: **Fortführung des guten Lebens**
Die nächsten Jahre in Maine 1952 – 1979
192 Seiten, Paperback, 19,90 €, ISBN: 978-3-89566-116-7

Regionalia

Karin Walz: **Das Oberfeld in Darmstadt**
Eine Stadt und ihr Feld
144 Seiten, Hardcover, 14,90 €, zahlreiche Farbfotos
ISBN: 978-3-89566-280-5

Karin Walz: **Das Martinsviertel**
Eine Zeitreise durch einen lebendigen Darmstädter Stadtteil
160 Seiten, Hardcover, 16,90 €, zahlreiche Farbfotos
ISBN: 978-3-89566-331-4

fantastisch vegetarisch

Herbert Walker: **Bohnen, Erbsen, Linsen & Co.** Vollwertige Rezepte mit Hülsenfrüchten
160 Seiten, Hardcover, 14,00 €, ISBN: 978-3-89566-215-7

Ute Rabe: **Dinkel und Grünkern.** Vollwertige Koch- und Backrezepte
160 Seiten, Hardcover, 14,00 €, ISBN: 978-3-89566-189-1

Wolfgang Hertling: **Kochen mit Hirse**
160 Seiten, Hardcover, 14,00 €, ISBN: 978-3-89566-260-7

Jutta Grimm: **Brotaufstriche selbst gemacht.** Süßes und Pikantes aus der Vollwertküche
176 Seiten, Hardcover, 14,00 €, ISBN: 978-3-89566-248-5

Außerdem:

Sofie Meys: **Köstliche Zwiebelküche**
176 S., 12,90 €, ISBN: 978-3-89566-192-1

A. P.-Heinrich: **Köstliche Kartoffelküche**
176 S., 14,00 €, ISBN: 978-3-89566-181-5

M. Stevanon: **Tofu – fantastisch vegetarisch**
160 S., 12,90 €, ISBN: 978-3-89566-162-4

Claudia Schmidt: **Brot und Brötchen**
160 S., 16,00 €, ISBN: 978-3-89566-221-8

Margrit Stevanon: **Aufläufe und Gratins**
160 S., 12,90 €, ISBN: 978-3-89566-292-8

M. J. Voelk: **Burger, Puffer und Kroketten**
160 S., 12,90 €, ISBN: 978-3-89566-199-0

Quinoa und Buchweizen

Anja Völkel: **Quinoa – Korn der Anden**
Kochen und Backen mit dem Korn der Inka
vegetarisch • glutenfrei • gesund
176 Seiten, Hardcover, 16,00 €
ISBN: 978-3-89566-350-5

Anja Völkel: **Buchweizen – das Powerkorn**
Glutenfrei kochen und backen
180 Seiten, Hardcover, 18,00 €
ISBN: 978-3-89566-361-1

Bücher mit Cartoons von Renate Alf

   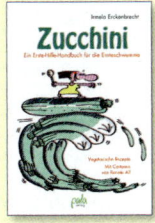

Klaus Weber: **Das Buch vom guten Pfannkuchen.** Vollwertige Rezepte
144 Seiten, Hardcover, 14,00 €, ISBN: 978-3-89566-349-9

Irmela Erckenbrecht: **Erbsenalarm!** Köstliche Geschichten und Rezepte rund um die
Prinzessin auf der Erbse. 144 Seiten, Hardcover, 14,00 €, ISBN: 978-3-89566-201-0

Jutta Grimm: **Vegetarisch grillen.** Natürlich vollwertig genießen
160 Seiten, Hardcover, 14,00 €, ISBN: 978-3-89566-301-7

Irmela Erckenbrecht: **Zucchini.** Ein Erste-Hilfe-Handbuch für die Ernteschwemme.
Vegetarische Rezepte. 160 Seiten, Hardcover, 14,00 €, ISBN: 978-3-89566-346-8

Außerdem:

Jutta Grimm: **Vollwert-Naschereien.** Süße und pikante Köstlichkeiten
144 Seiten, Hardcover, 12,90 €, ISBN: 978-3-89566-241-6

Astrid Poensgen-Heinrich: **Spargelzeit!** Vegetarische Rezepte
144 Seiten, Hardcover, 12,90 €, ISBN: 978-3-89566-185-3

Vegane Köstlichkeiten für alle Gelegenheiten

Heike Kügler-Anger: **Vegane Brotaufstriche.** Süßes und Pikantes natürlich selbst gemacht
160 Seiten, Hardcover, 16,00 €, ISBN: 978-3-89566-314-7

Heike Kügler-Anger: **Veganes Suppenglück**
Köstliche Suppen und Eintöpfe für alle Gelegenheiten
200 Seiten, Hardcover, 19,90 €, ISBN: 978-3-89566-345-1

Heike Kügler-Anger: **Vegane Rohköstlichkeiten aus dem Mixer**
Smoothies, Suppen, Eiscreme und mehr
180 Seiten, Hardcover, 16,00 €, ISBN: 978-3-89566-317-8

Angelika Eckstein: **Vegan backen.** Kuchen, Torten & mehr. Vollwertige Rezepte
260 Seiten, Hardcover, 19,90 €, ISBN: 978-3-89566-239-3

Heike Kügler-Anger: **Cucina vegana**
Vegan genießen auf italienische Art
200 Seiten, 18,00 €, ISBN: 978-3-89566-247-8

Abla Maalouf-Tamer:
Vegane Köstlichkeiten – libanesisch
160 Seiten, 16,00 €, ISBN: 978-3-89566-284-3

Angelika Krüger:
Vegane Köstlichkeiten – international
200 Seiten, 18,00 €, ISBN: 978-3-89566-329-1

Sandra Engler: **Vegane Pralinen und Konfekt.** Mit Liebe gemacht, von Herzen geschenkt
Vollwertige Rezepte. 180 Seiten, Hardcover, 16,00 €, ISBN: 978-3-89566-336-9

Heike Kügler-Anger: **Käse veganese.** Milchfreie Alternativen zur Käseküche
220 Seiten, Hardcover, 18,00 €, ISBN: 978-3-89566-237-9

Heike Kügler-Anger: **Vegan unterwegs.** Schnell zubereitet und verpackt –
für Schule, Beruf und Freizeit. 180 Seiten, Hardcover, 16,00 €, ISBN: 978-3-89566-264-5

Heike Kügler-Anger: **Frisch aufgegabelt – Nudeln vegan**
Köstliche Nudelrezepte aus aller Welt
200 Seiten, Hardcover, 16,00 €, ISBN: 978-3-89566-281-2

Heike Kügler-Anger: **Gelateria vegana.** Vegane Eisspezialitäten hausgemacht
180 Seiten, Hardcover, 16,00 €, ISBN: 978-3-89566-333-8

Heike Kügler-Anger: **Vegan grillen.** Köstliche Rezepte fürs Grillvergnügen
200 Seiten, Hardcover, 19,90 €, ISBN: 978-3-89566-302-4

Ingrid und Alexander Neukert: **Einfach mal vegan**
Küchenzauber – frisch und vollwertig, unkompliziert und schnell zubereitet
200 Seiten, Hardcover, 18,00 €, ISBN: 978-3-89566-305-5

Alexander Nabben: **Tofu vegan.** Köstlich kochen und backen mit Tofu
180 Seiten, Hardcover, 16,00 €, ISBN: 978-3-89566-283-6

Irmela Erckenbrecht: **Vegane Menüs.** Gäste einladen, bewirten, verwöhnen
220 Seiten, Hardcover, 19,90 €, ISBN: 978-3-89566-328-4

Suzanne Barkawitz: **Vegan genießen.** Vollwertige Rezepte aus nah und fern
200 Seiten, Hardcover, 19,90 €, ISBN: 978-3-89566-266-9

Gesunde Vielfalt, Anbau im Garten

Christina Mann, Friedhelm Strickler: **Aus dem Reich der wilden Kräuter**
Heilkunde und Rezepte • Mythologie und Zauber • Standort im Garten
240 Seiten, Hardcover, 19,90 €, ISBN: 978-3-89566-316-1

Christina Mann: **Kraftsträuße.** Wilde Kräuter für magische Sträuße
individuell • bezaubernd • heilsam
224 Seiten, Hardcover, 24,90 €, ISBN: 978-3-89566-354-3

Heide Hasskerl: **Holunder, Dost und Gänseblümchen ...**
Vegetarische Rezepte mit wilden Kräutern und Früchten
200 Seiten, Hardcover, 18,00 €, ISBN: 978-3-89566-253-9

Cornelia Blume und Burkhard Steinmetz: **Das Apfelbuch.** Apfelschätze erhalten und genießen
176 Seiten, Hardcover, 16,00 €, ISBN: 978-3-89566-359-8

Sigrid Schimetzky: **Herbstfrüchte**
Holunder, Hagebutte, Schlehe und Esskastanie. 120 vegetarische Rezepte
176 Seiten, Hardcover, 19,90 €, ISBN: 978-3-89566-378-9

Sigrid Schimetzky: **Köstlich kochen mit Ziegenkäse**
144 Seiten, Hardcover, 19,90 €, ISBN: 978-3-89566-357-4

Sigrid Oldendorf-Caspar: **Das Beerenbuch**
192 Seiten, Hardcover, 14,00 €, ISBN: 978-3-89566-258-4

Karin Walz: **Das Mohnbuch**
Liebeserklärung an eine florale Schönheit. Mit vollwertigen Rezepten von süß bis deftig
160 Seiten, Hardcover, 16,00 €, ISBN: 978-3-89566-318-5

Irmela Erckenbrecht: **Rosmarin und Pimpinelle.** Das Kochbuch zur Kräuterspirale
160 Seiten, Hardcover, 16,00 €, ISBN: 978-3-89566-256-0

Vegetarisches aus aller Welt

Gertrud Dimachki:
Vegetarisches aus 1001 Nacht
Arabische Rezepte zum Genießen
160 S., 16,00 €, ISBN: 978-3-89566-169-3

Heike Kügler-Anger: **Französisch vegetarisch**
192 S., 19,90 €, ISBN: 978-3-89566-374-1

Irmela Erckenbrecht: **American Veggie**
Vegetarische Streifzüge durch die USA
200 S., 18,00 €, ISBN: 978-3-89566-297-3

Petra Skibbe, Joachim, Skibbe:
Toscana vegetariana
200 S., 18,00 €, ISBN: 978-3-89566-278-2

Sima Dourali, Soodabeh Durali-Müller:
Persisch vegetarisch
120 Originalrezepte der persischen Küche
192 S., 19,90 €, ISBN: 978-3-89566-379-6

Nicola Koch, Ines Teitge-Blaha:
Vegetarisch kochen – thailändisch
160 S., 16,00 €, ISBN: 978-3-89566-255-3

Katrin Eppler:
Vegetarisch kochen – türkisch
180 S., 16,00 €, ISBN: 978-3-89566-271-3

Kerstin Lautenbach-Hsu:
Vegetarisch kochen – chinesisch
180 S., 16,00 €, ISBN: 978-3-89566-259-1

Ein Buch für alle, die englische Gärten lieben

Traumpaar: englische Gärten und Naturgarten

Ein Buch voller inspirationen, das ganz praktisch dazu anleitet, die Schönheit englischer Gärten mit Wildpflanzen in unsere Naturgärten zu bringen.

Paula Polak

Englische Gärten – naturnah und wild interpretiert
Charme und Schönheit englischer Gärten mit heimischen Wildpflanzen im Naturgarten
176 Seiten, Hardcover, 24,90 €, ISBN: 978-3-89566-445-8
Neuerscheinung April 2025

Unser Logo für umweltfreundliche Buchproduktion

Für eine ressourcenschonende und umweltfreundliche Buchproduktion drucken wir unsere Bücher seit vielen Jahren weitestgehend auf Recyclingpapier. Dafür steht unser Logo.

Wir lassen unsere Bücher ausschließlich in Deutschland drucken. Die Druckereien, mit denen wir zusammenarbeiten, ermöglichen uns jederzeit Einblicke in ihre Arbeitsabläufe und ökologischen Standards.

Gedruckt auf **100%** Recyclingpapier

Sie erhalten unsere Bücher in jeder Buchhandlung, im Versandbuchhandel oder direkt bei uns: **www.pala-verlag.de** – auf unserer Internetseite finden Sie stets aktuelle Informationen zu unserem Programm.

Der pala-verlag im Internet: www.pala-verlag.de
bei Facebook: www.facebook.com/palaverlag

pala-verlag gmbh • Postfach 11 11 22 • 64226 Darmstadt
Tel. 06151 / 23028 • Fax 06151 / 292713
www.pala-verlag.de • E-Mail: info@pala-verlag.de

Zusammen geht vieles ganz leicht

Gemeinschaftsgarten

In vielen Städten gibt es Gemeinschaftsgärten, zum Teil mehrere, die von Nachbarn bepflanzt und gepflegt werden. Diese grünen Oasen bieten nicht nur einen Raum für das Gärtnern und sich Treffen, sondern fördern – gerade in der Stadt – auch soziale Bindungen und ein Gemeinschaftsgefühl.

Eure Leidenschaft für das Gärtnern könnt ihr dort mit ganz verschiedenen Menschen teilen – vielfältige kulturelle Hintergründe, Jüngere und Ältere, unterschiedliche Interessen. Durch das gemeinsame Tun können neue Verbindungen und Freundschaften entstehen, die über das Beet hinausreichen.

In Gemeinschaftsgärten kultiviert ihr nicht nur Pflanzen, sondern es werden auch Kenntnisse über nachhaltiges Gärtnern und Erfahrungen im Gemüseanbau weitergegeben. Erfahrene Gärtner bringen ihr Wissen ein, während Neulinge von diesem Erfahrungsschatz lernen. Die Selbstversorgung mit frischem Obst und Gemüse und die Förderung einer gesunden Ernährung sind ebenfalls Anliegen von Gemeinschaftsgärten. Damit stärkt ihr die Ernährungssicherheit und fördert einen bewussteren Umgang mit Lebensmitteln.

Sommerfeste, Tauschmärkte und gemeinsames Kochen bieten Unterhaltung und stärken auch den Zusammenhalt innerhalb der Gemeinschaft.

Bilder links: Bald sind die Johannisbeeren reif und können direkt vom Strauch genascht werden (rechts) – und die Ernte des Sommers (links)

Der Saisongarten aus der Vogelperspektive – so viel bunte Vielfalt lädt zum Landen ein

Saisongarten

Ein Saisongarten am Stadtrand eröffnet die Möglichkeit, nicht nur eigenes Gemüse anzubauen, sondern auch eine Fülle an Erfahrungen im Gartenbau zu sammeln. Typischerweise könnt ihr für eine Gartensaison eine Parzelle pachten, die entweder bereits vorbepflanzt wurde oder euch auch die Freiheit bietet, eigene Samen und Jungpflanzen zu nutzen. Diese Gärten können die Umgebung abwechslungsreich und farbenfroh machen. Ihr könnt dort oft mit Gleichgesinnten wirtschaften, Wissen und Erfahrungen austauschen. Genauso wie im Gemeinschaftsgarten kann es dort Gartenfeste, Workshops und Tauschmärkte geben, sodass am Stadtrand ein Raum für Gemeinschaft und Zusammenhalt entsteht.

Der Kleingarten

Viele von euch dürften mit den klassischen Kleingärten oder Schrebergärten vertraut sein, sie liegen häufig am Stadtrand, entlang von Bahngleisen oder mitten in Wohngebieten. Schrebergärten werden in der Regel von Vereinen organisiert, die auch die »Spielregeln« festlegen. Oftmals werden sie langfristig genutzt, einige ähneln gar einem Ferienhaus und dienen nicht nur dem traditionellen Gemüseanbau, sondern auch als Rückzugsort für Ruhe und Erholung.

Schrebergärten bieten wunderbare Möglichkeiten für die grüne Permakultur in der Stadt, es müssen jedoch auch hier die »Spielregeln« beachtet werden. Oft höre ich von Permakultur-Kollegen, dass es Beschwerden vom Verein gibt, beispielsweise darüber, dass der Rasen nicht gepflegt aussieht oder die Gestaltung den Nachbarn »zu wild« erscheint. Doch wenn ihr hier eure eigenen Regeln im Auge behaltet und nicht auf Widerstand, sondern auf Kooperation setzt, kann der Schrebergarten zu einem kleinen Permakultur-Kleinod werden.

Es ist wichtig, die Prinzipien der Permakultur in die Gestaltung des Schrebergartens einzubeziehen. Dies könnte bedeuten, die Flächen vielfältiger zu bepflanzen, natürliche Kreisläufe zu fördern und ökologische Prinzipien zu berücksichtigen. Statt den Rasen perfekt zu pflegen, könntet ihr vielleicht einen Wildblumenrasen anlegen, der nicht nur schön aussieht, sondern auch Bienen und anderen Insekten einen Lebensraum bietet.

Die gute Zusammenarbeit mit dem Verein und den Nachbarn ist entscheidend für die Akzeptanz eurer Art, zu gestalten. Durch offene Kommunikation und das Teilen der Prinzipien der Permakultur könnt ihr Verständnis und Unterstützung gewinnen. Vielleicht könnt ihr sogar einige der Prinzipien der Permakultur in die Regeln des Vereins integrieren, um eine umweltfreundliche und nachhaltige Nutzung der Schrebergärten zu fördern.

Insgesamt kann der Schrebergarten, wenn er permakulturell gestaltet wird, nicht nur eine Quelle für frisches Gemüse sein, sondern auch einen positiven Einfluss auf die Umwelt und die Gemeinschaft haben. Er bietet die Möglichkeit, die Prinzipien der Permakultur auf kleinem Raum anzuwenden und ein Bewusstsein für nachhaltiges Gärtnern und Leben zu schaffen.

Im Winter darf Ruhe sein unter schützender Decke aus Bauwerk und Schnee

Grüne Permakultur in der Stadt

Solidarische Landwirtschaft

Zone 3

Bei der solidarischen Landwirtschaft (Solawi) ist die Beziehung zwischen Landwirt und Verbrauchern direkt und nah. In diesem kooperativen Miteinander verpflichtet ihr euch als Verbraucher, die Kosten der Landwirtschaft mitzutragen, indem ihr im Voraus für eine Ernte oder einen bestimmten Zeitraum bezahlt. Im Gegenzug erhaltet ihr regelmäßig frische, saisonale Produkte direkt vom Hof.

Das Herzstück der solidarischen Landwirtschaft ist die gemeinsame Verantwortung. Landwirt und Verbraucher teilen die Risiken und die Belohnungen der landwirtschaftlichen Produktion. Ausfälle durch Wetterkapriolen, Fraßfeinde oder andere Herausforderungen werden gemeinsam getragen, und ihr erhaltet einen transparenten Einblick in die Produktion, könnt den Landwirt und die Gemeinschaft näher kennenlernen. Die Vielfalt der Produkte reicht von Gemüse über Obst bis hin zu Eiern und Fleisch.

Solidarische Landwirtschaft fördert nachhaltige Anbauweisen, weil der Landwirt auf den Einsatz von Pestiziden und den Anbau in Monokultur verzichten kann. Die lokale Produktion und kurze Transportwege bedeuten weniger Emissionen, mehr Klimaschutz und Artenvielfalt.

Die Solawi liegt in der Zone 3 am Stadtrand und kann im günstigen Fall leicht mit dem Fahrrad erreicht werden. Manche Solawi hat auch in der Stadt verteilte Abholstationen, zu denen das Gemüse einmal in der Woche angeliefert wird. Auch dies kann ein sozialer Treffpunkt sein, wo ihr euch über Rezepte und aktuelle Informationen zum Gemüse oder Hof austauschen könnt.

Üblicherweise finden auf dem Hof oder bei den Abholstationen auch regelmäßige Feste und Zusammenkünfte statt. So gibt es bei unserer Solawi in Darmstadt jedes Jahr ein Erdbeerfest, bei dem sich meist die ganze Solawi-Gemeinschaft trifft und die Erdbeeren vom Hof in Form von Kuchen genießt.

Bilder links: Ob die jungen Gemüsepflanzen (unten) gut durch den Sommer kommen? Die Risiken des Anbaus tragen wir bei der solidarischen Landwirtschaft gemeinsam. Genauso wie die Freude an üppiger Ernte und den Genuss unter freiem Himmel.

Zone 4: Waldgarten und Streuobstwiese

Waldgärten am Stadtrand

Ein Waldgarten verbindet die »Prinzipien« eines natürlichen Waldes mit dem Anbau von Nutzpflanzen. In einem solchen Garten werden verschiedene Etagen von Pflanzen angelegt, angefangen bei den hohen Bäumen bis zu den Bodendeckern.

Das höchste Stockwerk sind Obstbäume und Nussbäume, gefolgt von kleineren Sträuchern und Büschen, die eine Vielzahl von Beeren und essbaren Früchten tragen. Darunter finden sich krautige Pflanzen wie Gemüse, Kräuter und Blumen. Das Erdgeschoss nehmen Bodendecker ein, die den Boden schützen und seine Feuchtigkeit bewahren.

Die Vielfalt an Pflanzen in einem Waldgarten schafft nicht nur eine reiche Nahrungsquelle, sondern fördert auch die Artenvielfalt. Diese Art von Gartenbau ahmt die Dynamik eines natürlichen Waldes nach, die Pflanzen stehen in symbiotischen Beziehungen zueinander.

Waldgärten sind nicht nur produktiv, sondern auch ressourceneffizient. Sie fordern von euch weniger Pflege und Bewässerung als konventionelle Gärten, wenn die Pflanzenschichten im ökologischen Gleichgewicht und Austausch miteinander sind. Wie ihr einen Waldgarten aufbaut, könnt ihr zum Beispiel im Buch von Martin Crawford, »Einen Waldgarten erschaffen«, nachlesen.

Zeit lassen unter blühenden Apfelbäumen

Die Streuobstwiese

Streuobstwiesen sind von großer ökologischer Bedeutung. Diese traditionellen Obstbaumwiesen bestehen aus einer Vielzahl von Obstbäumen unterschiedlicher Sorten, die auf großzügig angelegten Wiesen wachsen. Dort gedeihen Apfel-, Birn-, Kirsch- oder Pflaumenbäume in einer harmonischen Mischung und bilden so eine facettenreiche Naturlandschaft.

Die Vielfalt an Baumarten, Sorten und Strukturen schafft Lebensräume für zahlreiche Arten von Pflanzen und Tieren. Streuobstwiesen zählen zu den artenreichsten Landschaften Mitteleuropas. In den Wiesen unter den Obstbäumen locken Wiesenblumen, Gräser und Kräuter Insekten an. Auch für viele Vögel und Kleintiere, darunter viele gefährdete Arten, sind Streuobstwiesen manchmal letzte Refugien.

Streuobstwiesen haben zudem einen kulturellen Wert. Sie sind oft Teil der regionalen Identität und prägen das Landschaftsbild. Die Wiesen zu pflegen und zu erhalten, erfordert jedoch eine kontinuierliche Anstrengung, da sie oft von der Intensivlandwirtschaft bedrängt werden. Viele Naturschutzprojekte und Initiativen setzen sich daher für den Schutz und die Wiederbelebung von Streuobstwiesen ein.

Streuobstwiesen und Permakultur teilen einen gemeinsamen Fokus auf Biodiversität, ökologische Landwirtschaft und Nachhaltigkeit. Beide Konzepte fördern die biologische Vielfalt und minimieren den Einsatz von Chemikalien, um die Umwelt zu schützen. Sie legen Wert darauf, Ressourcen nachhaltig zu nutzen und Landschaften sowie das kulturelle Erbe zu erhalten. Die Streuobstwiese ist mit ihrem Output, der Ernte, ein Teil unserer saisonalen und regionalen Ernährung.

Bilder links: Auch der Pfirsichbaum im Waldgarten (rechts) hat mal so klein angefangen wie der Chinesische Gemüsebaum (links)

Wildnis

Zone 5 — Wildnis

In der grünen Permakultur wird die Zone 5 als Wildniszone definiert. Dieser Bereich dient als Rückzugsort für Tiere und Pflanzen, wir überlassen die Natur weitestgehend sich selbst. Dieses Konzept findet nicht nur in ländlichen Gebieten Anwendung, sondern kann auch in der Stadt und am Stadtrand verwirklicht werden. Es ist wichtig, zu erkennen, dass selbst in der Stadt Tiere, wie Vögel, Insekten, sogar Säugetiere wie Füchse, unerlässlicher Bestandteil des städtischen Ökosystems sind und dass sie einen speziellen Rückzugsort brauchen.

Elemente der Wildniszone in städtische Bereiche zu integrieren, trägt dazu bei, die ökologische Vielfalt zu fördern und die Lebensbedingungen für verschiedene Tierarten zu verbessern. Ein Beispiel dafür könnten naturnahe Bereiche in Parks oder entlang von Flüssen sein, die bewusst wenig oder gar nicht gepflegt werden. Solche Bereiche können Hecken, natürliche Wildblumenwiesen und unberührte Ecken umfassen.

Darüber hinaus können auch Bereiche in städtischen Gemeinschaftsgärten oder auf öffentlichen Dächern Wildniszone werden. Anstatt strenger Gartenpflege könnten Teile dieser Flächen bewusst der natürlichen Entwicklung überlassen werden, um Nahrung und Unterschlupf für städtische Tierarten zu bieten. Einheimische Pflanzen, die insektenfreundlich sind, könnten verstärkt eingesetzt werden, um die ökologische Balance zu fördern.

Die Idee hinter der Wildniszone in der Stadt ist, nicht nur Rückzugsorte für Tiere zu schaffen, sondern auch natürliche Prozesse wie Bestäubung und Samenverbreitung zu fördern. Die Stadt als Lebensraum für Menschen und Tiere kann mit

Der beste Zeitpunkt, einen Baum zu pflanzen, war vor zehn Jahren ...

Grüne Permakultur in der Stadt

Tiny Forest in der Stadt

Ein Tiny Forest ist ein Mini-Wald, der durch das besonders dichte Pflanzen von Setzlingen verschiedener Arten von Bäumen und Sträuchern auf einer kleinen Fläche entsteht. Der japanische Biologe Akira Miyawaki hat dieses Konzept ursprünglich entwickelt. Ein Tiny Forest kann aufgrund der dichten Pflanzung in den ersten Jahren etwa zehnmal schneller, 30-mal dichter und 100-mal biodiverser wachsen als ein durchschnittlicher herkömmlicher Wald.

In Darmstadt wurde ein solches Projekt im Jahr 2021 begonnen. Auf einer Fläche von etwa 200 Quadratmetern wurden 700 Setzlinge von 27 verschiedenen Baum- und Straucharten gepflanzt. Dieser Mini-Wald trägt dazu bei, dass mehr Grünflächen in der Stadt entstehen und dass sich das Klima verbessert. Betreut vom städtischen Grünflächenamt und finanziert von einer gemeinnützigen Organisation, soll der Tiny Forest auch die lokale Gemeinschaft einbeziehen und den Menschen den Zugang zur Natur erleichtern.

Elementen der Wildnis harmonischer gestaltet werden. Dies bedeutet nicht, dass sich die gesamte Stadt in eine Wildnis verwandeln muss, sondern dass bestimmte Bereiche bewusst so gestaltet werden, dass sie den Bedürfnissen der städtischen Tiere und Pflanzen dienen. So wird die Wildnis auch zur Bereicherung für uns Menschen, wenn es dadurch zum Beispiel in der Stadt mehr Vögel gibt oder wir an heißen Tagen aufatmen können im Schatten einer grünen Oase.

... der zweitbeste Zeitpunkt ist genau heute

Wege und Verbindungen zwischen den Zonen

In der Permakultur steht die durchdachte Planung und Anordnung von Elementen im Fokus. Wege als verbindende Elemente sind so wichtig wie die einzelnen Elemente selbst. Das Ziel ist eine effiziente Bewirtschaftung, wobei Elemente häufig so platziert werden, dass Arbeiten quasi »im Vorbeigehen« erledigt werden können. Ein anschauliches Beispiel hierfür ist die geschickte Positionierung von Wassertonnen entlang des Weges zum Hauseingang, um beim Heimkommen die Pflanzen bequem zu gießen. Ebenso können am Weg entlang gepflanzte Küchenkräuter direkt für kulinarische Zwecke genutzt werden.

Auch in der Stadt spielen Wege und die Verbindungen zwischen verschiedenen Zonen eine entscheidende Rolle. Dies wird besonders deutlich, wenn ihr euch vorstellt, zum Beispiel Gemüse von einer solidarischen Landwirtschaft abzuholen und dabei auf dem Weg noch andere Aktivitäten erledigt, wie das Ernten oder Pflegen einer Streuobstwiese. Die intelligente Anordnung von Elementen entlang dieser Wege ermöglicht eine vielfältige Nutzung und optimiert die Zeitnutzung.

Es ist wichtig, dass ihr vermeidet, für jede Tätigkeit eine andere Richtung einschlagen zu müssen, da dies schnell überfordern und Zeit kosten kann. Dieses Prinzip gewinnt noch mehr an Bedeutung angesichts der visionären Konzepte von »15-Minuten-Städten«, in denen alle notwendigen Erledigungen innerhalb von 15 Minuten erreicht werden können sollen. Durch eine sinnvolle Anordnung von Wegen und Zonen im städtischen Raum wird nicht nur die Entwicklung hin zum vermehrten Onlineshopping vermieden, sondern es entsteht auch eine lebendige und nachhaltige städtische Umgebung, in der ihr eure täglichen Aktivitäten bequem und ressourcenschonend erledigen könnt.

Bild rechts: Am Weg wachsen Kiwipflanzen am Spalier – und von der begrünten Fassade profitiert auch das Haus: der grüne Pelz schützt die Hauswand vor strengem Wetter, filtert Staub und verbessert das Klima in der Stadt

Gebaute Welt

Was macht eine nachhaltige Stadt aus?

Eine nachhaltige Stadt wird so gestaltet, dass sie heute unsere Bedürfnisse erfüllt, ohne die Möglichkeiten zukünftiger Generationen zu beeinträchtigen. Eine Stadt, die sich diesem Weg und Ziel verschrieben hat, macht sich durch bestimmte Eigenschaften bemerkbar.

* Eine wichtige Eigenschaft ist ein gut ausgebautes Netzwerk an öffentlichen Verkehrsmitteln. Dies ermöglicht es den Bürgerinnen und Bürgern, effizienter und umweltfreundlicher unterwegs zu sein.
* Eine weitere wichtige Eigenschaft ist die Förderung der Fahrradfreundlichkeit. Fahrräder sind umweltfreundlich, gesundheitsfördernd und können den individuellen Autoverkehr entlasten.
* Eine nachhaltige Stadt verfügt über ausreichend Grünflächen, die nicht nur der Erholung dienen, sondern auch dabei helfen, die Luftqualität zu verbessern und einer Überhitzung der Stadt vorzubeugen.
* Eine nachhaltige Stadt hat Gebäude, die so gestaltet sind, dass die Energie effizient genutzt und der Energieverbrauch reduziert werden kann.
* Eine nachhaltige Stadt fördert das Gemeinwohl und berücksichtigt dabei soziale, kulturelle und wirtschaftliche Aspekte.

Die Wandelkarte – wo finde ich was in der Stadt?

Die Wandelkarte ist ein Stadtplan, in dem nachhaltig orientierte Initiativen, Projekte und Einkaufsmöglichkeiten verzeichnet sind. In Darmstadt gibt es die Wandelkarte seit 2018, und auch in anderen Städten gibt es sie mittlerweile. Die Karte ist gedruckt und online verfügbar und wird stetig aktualisiert, auch für einige Stadtteile gibt es inzwischen gesonderte Karten. Die Karte ist Wegweiser zum nachhaltigen Konsum, für Tauschen, Teilen und Reparieren. Sie ist auch ein Abbild der nachhaltigen Szene der Stadt, für Entwicklung und Beteiligung. Und sie ist eine Einladung und Ermutigung, mitzumachen.

Bild links: Gemeinschaftliches Wohnen wie hier im »WohnSinn« in Darmstadt baut Brücken und macht Mut, das Leben zu teilen

Was macht eine nachhaltige Stadt aus?

In jeder Stadt weltweit übernehmen Ämter und Entscheidungsträger die gewaltige Aufgabe, unsere urbanen Lebensräume zu planen und zu gestalten. In diesem Kapitel erkunden wir Möglichkeiten wie Repaircafés, Leihläden, Tiny Houses, öffentliche Verkehrsmittel oder die Schaffung inklusiver Gemeinschaftsräume.

Diese Beispiele sollen als Inspiration dienen und zeigen, dass der Weg zu einer nachhaltigen Stadtgestaltung zwar herausfordernd, aber durchaus machbar ist. Lasst uns diese Vision gemeinsam verfolgen und unsere urbanen Räume so gestalten, dass sie nicht nur heute, sondern auch für kommende Generationen lebenswert bleiben.

Commons

»Commons« ist ein Begriff, der gemeinschaftlich genutzte Ressourcen meint. Das können natürliche Ressourcen wie Land, Wasser und Luft sein, aber auch immaterielle Ressourcen wie Wissen und kulturelle Güter. Auch in der Stadt gibt es zahlreiche Möglichkeiten, um Gemeingüter, die allen zugutekommen, zu schaffen und zu erhalten.

Das Konzept der Commons basiert auf der Idee, dass diese Ressourcen nicht in private Hände fallen, sondern der Gemeinschaft zugänglich bleiben sollten. Das geht zurück auf traditionelle Gemeinschaftspraktiken, wo sich die Mitglieder einer Gemeinschaft die Nutzung und Pflege der gemeinsamen Ressourcen teilen. Heutzutage haben Commons eine neue Bedeutung erlangt, da sie als eine Alternative zum privatwirtschaftlichen Eigentum und zur staatlichen Kontrolle angesehen werden.

Ein Beispiel für Commons ist die Gemeingüter-Ökonomie. Hier geht es darum, natürliche Ressourcen wie Wasser, Boden und Luft als Gemeingüter zu betrachten und entsprechend zu organisieren. Ein weiteres Beispiel sind Gemeinschaftsgärten. Auch das Teilen von Werkzeugen oder Fahrrädern kann als Form des Commoning betrachtet werden, weil ihr dadurch Ressourcen teilt und somit effizienter nutzt.

Ein weiteres Beispiel sind Carsharing-Programme. Anstatt dass jeder sein eigenes Auto besitzt und nutzt, könnt ihr ein Auto gemeinsam nutzen und die Kosten teilen. Dies reduziert nicht nur die Umweltbelastung, sondern auch den Bedarf an Parkplätzen und die individuellen Kosten für den Autobesitz.

Auch Co-Working-Spaces können Commons sein, also Gemeinschaftsbüros, in denen Menschen, auch aus unterschiedlichen Branchen, gemeinsam arbeiten und sich austauschen können. Dort wird nicht nur Bürofläche geteilt, sondern es werden auch Wissen und Erfahrungen ausgetauscht. Durch die Zusammenarbeit können innovative Projekte entstehen und eine Stadt kann sich kreativ entwickeln.

Auch die Nutzung von öffentlichem Raum kann als Form des Commoning betrachtet werden, wenn Straßen und Plätze nicht nur Verkehrsfläche, sondern auch Raum für Begegnungen und gemeinsame Aktivitäten bieten.

Repaircafés

Ein Repaircafé ist ein Treffen, an dem ihr zusammenkommt, um eure beschädigten oder kaputten Gegenstände zu reparieren – ihr macht es selbst oder jemand anderes macht es mit euch zusammen oder für euch und ihr lernt, wie ihr es in Zukunft selbst machen könnt. Das ermutigt auch, Gegenstände länger zu behalten, weil ihr wisst, wie ihr sie reparieren könnt und wo ihr Hilfe und Werkzeuge bekommt.

Diese Treffen werden von Ehrenamtlichen an einem bestimmten Ort, zum Beispiel in eurem Stadtviertel einmal im Monat, organisiert. Die ehrenamtlichen Helfer haben Kenntnisse in der Reparatur von Gegenständen und es sind Werkzeuge und Material für alle möglichen Reparaturen vorhanden – es gibt »allgemeine« Repaircafés oder spezielle, wo es dann zum Beispiel nur um Fahrräder, nur um Möbel oder nur um Kleidung geht. Jeder darf kommen und seine kaputten Gegenstände mitbringen. Ihr könnt euch dort auch austauschen, neue Menschen kennenlernen und gemeinsam an einem positiven Ziel arbeiten.

Das Konzept des Repaircafés wurde erstmals in den Niederlanden vorgestellt und hat sich seitdem weltweit verbreitet. Diese Treffen sind auch eine Antwort auf die Wegwerfgesellschaft, in der wir leben, in der kaputte Gegenstände oft einfach weggeworfen und durch neue ersetzt werden. Dies reduziert nicht nur den Müll und den Verbrauch natürlicher Ressourcen, sondern spart auch Geld.

Offene Werkstätten

Offene Werkstätten bieten euch die Möglichkeit – zum Beispiel wenn ihr mit einer neuen Idee ein Unternehmen gründen wollt –, neue Prototypen und Produkte zu entwickeln, ohne die hohen Kosten für eigene Werkstätten oder Büros zu tragen. Die Offenen Werkstätten bieten Werkzeuge und Maschinen und zugleich könnt ihr vom Know-how und den Erfahrungen der anderen Nutzer profitieren und euer eigenes Wissen teilen.

Die Synergie zwischen offenen Werkstätten und Permakultur entsteht durch die gemeinsame Vision einer nachhaltigen, resilienten und gemeinschaftlich gestalteten Zukunft. Durch die Kombination der praktischen, handwerklichen Fähigkeiten aus offenen Werkstätten mit den ökologischen Designprinzipien der Permakultur können innovative Projekte und Lösungen entwickelt werden, die sowohl die ökologische als auch die soziale Resilienz städtischer und ländlicher Gemeinschaften stärken.

Auch Lastenfahrräder kannst du einfach leihen und bist flott damit unterwegs – auch mit viel Gepäck.

Offene Werkstätten sind oft als Verein, gemeinnützige Organisation oder soziales Unternehmen organisiert. Ihre Struktur ist niederschwellig und inklusiv, um eine breite Teilnahme und Zugänglichkeit zu ermöglichen. Mitglieder und Nutzer können gegen eine Gebühr oder durch ehrenamtliche Mitarbeit Zugang zu den Räumlichkeiten und Werkzeugen erhalten. Die Organisation basiert häufig auf den Prinzipien der Selbstverwaltung und der partizipativen Entscheidungsfindung, wobei Workshops, Kurse und Veranstaltungen angeboten werden, um Fähigkeiten zu vermitteln und die Gemeinschaft zu stärken.

Leihläden

Leihläden bieten eine nachhaltige Alternative zum Kauf von Gegenständen, die nur selten genutzt werden. Anstatt Gegenstände zu kaufen, die ihr nur einmal oder zweimal im Jahr benötigt, könnt ihr sie in einem Leihladen ausleihen und nach Gebrauch wieder zurückgeben.

Ihr könnt dort Werkzeuge, Haushaltsgeräte, Sportausrüstungen und sogar Kleidung ausleihen. Ressourcen werden gemeinsam genutzt und dadurch Abfall und Energieverbrauch reduziert. Leihläden ergänzen die Prinzipien der Permakultur, indem sie Nachhaltigkeit fördern und Ressourcen schonen. Sie ermöglichen den Austausch und die gemeinsame Nutzung von Gegenständen, und das reduziert den

Im Leihladen, hier der »Heinerleih« in Darmstadt, kannst du leihen, was du nur alle Jubeljahre einmal brauchst

Bedarf an Neuproduktionen. Organisiert werden Leihläden häufig über Mitgliedschaften oder Spenden. Mitglieder können benötigte Gegenstände ausleihen und nach Gebrauch zurückgeben. Diese Praxis stärkt auch den Gemeinschaftssinn und fördert Kooperation – beides Kernaspekte der Permakultur. Durch die Verringerung des individuellen Konsums und die Förderung von Gemeinschaftsressourcen tragen Leihläden direkt zu einer nachhaltigeren und resilienteren Umwelt bei.

Ein Beispiel für einen erfolgreichen Leihladen ist der »Bauwagen« in Berlin. Dort können Nutzer unterschiedlichste Werkzeuge und Maschinen ausleihen, darunter Bohrer, Sägen oder Schraubenzieher. Der Bauwagen ist auch ein Ort des Austausches und der Zusammenarbeit, wo alle ihre Erfahrungen und ihr Wissen teilen und sich gegenseitig unterstützen können.

Ein weiteres Beispiel ist die »Kleiderei« in Köln, ein Leihladen für Kleidung. Dort könnt ihr eine Vielzahl von Kleidungsstücken ausleihen, darunter auch Designerstücke. Die Kleiderei reduziert nicht nur die Umweltbelastung, sondern fördert auch die lokale Wirtschaft.

In Darmstadt gibt es seit 2020 den »Heinerleih«. Der Laden wird ehrenamtlich betrieben. Die allermeisten Leihgegenstände sind Spenden der Bürgerinnen und Bürger. Nur wenige Artikel werden neu erworben, und auch diese sind größtenteils gebraucht. Alle verfügbaren Gegenstände sind im Leihkatalog online aufgeführt. Interessierte können dort prüfen, ob das Gesuchte vorrätig ist, und schauen, was es alles gibt. Man darf bis zu fünf Gegenstände gleichzeitig gegen ein Pfand ausleihen und bis zu zwei Wochen lang behalten. Bei der Rückgabe bekommt man das Pfand wieder.

Orte für nachhaltigen Einkauf

Unverpacktläden, Bioläden und Wochenmärkte sind Eckpfeiler einer wachsenden Bewegung hin zu nachhaltigerem Einkaufen und einer bewussteren Ernährung. Mit dem Einkauf an diesen Orten fördert ihr ökologische und faire Handelspraktiken und Produktionsweisen, auch jenseits einer Massenproduktion.

* In Unverpacktläden könnt ihr Lebensmittel und andere Produkte in loser Form kaufen und sie in eure eigenen Behälter abfüllen. Das reduziert Verpackungsmüll erheblich und ermöglicht es euch, genau die Menge zu kaufen, die ihr benötigt. Unverpacktläden setzen auf Nachhaltigkeit und lokale Produkte, und sie fördern bewussten Konsum.
* Bioläden sind eine wichtige Anlaufstelle für ökologisch angebaute Lebensmittel und Produkte. Dort könnt ihr sicher sein, dass die Waren frei von Pestiziden, Herbiziden und anderen schädlichen Chemikalien sind. Der Anbau in ökologischer Bewirtschaftung erfolgt oft umweltschonender und es wird auf artgerechte Tierhaltung geachtet.

Gebaute Welt

* Wochenmärkte bieten frische Produkte, oft direkt vom Erzeuger, von lokalen Landwirten oder Handwerkern. Dort findet ihr frisches Obst und Gemüse, Eier, Käse, Blumen, handgemachte Produkte und vieles mehr. Wochenmärkte sind auch Orte des sozialen Austauschs, der direkten Verbindung zwischen Kunden und Produzenten, und der Einkauf dort unterstützt die lokale Wirtschaft.

Orte für Soziales, Lernen und Teilen

Foodsharing, kostenlose städtische Einrichtungen für Kultur oder Workshops sowie Food-Coops – diese Initiativen tragen zur Förderung von Gemeinschaft, Nachhaltigkeit und bewusstem Konsum in unseren Städten bei.

* »Fairteiler« sind öffentliche Regale, Kühlschränke oder Orte des Vereins »foodsharing e. V.«, an denen gerettete Lebensmittel geteilt werden. Von Supermärkten, Restaurants und anderen Quellen sammeln Foodsharing-Initiativen überschüssige Lebensmittel und stellen sie in den Fairteilern frei zur Verfügung. Dies reduziert Lebensmittelverschwendung und macht den Wert unseres Essens bewusster.
* Food-Coops, oder Lebensmittelkooperativen, sind Gruppen aus Haushalten oder einzelnen Personen, die gemeinsam Lebensmittel direkt von lokalen Erzeugern kaufen, in der Regel in größeren Mengen, und untereinander teilen. Das unterstützt regionale Produzenten und eine nachhaltige lokale Landwirtschaft. Im Gegenzug erhalten die gemeinsam einkaufenden Menschen frische, hochwertige Lebensmittel zu erschwinglichen Preisen.
* Kulturelle und kreative Aktivitäten bereichern das städtische Leben. Städtische Einrichtungen, die kostenlos nutzbar sind, können Raum für Kunstausstellungen, Workshops oder Konzerte bieten. Sie fördern die Kreativität und den kulturellen Austausch und tragen dazu bei, dass Kultur für alle zugänglich ist.

Städtische Räume und Orte, die auf Permakultur fokussierte Kultur- und Workshop-Programme anbieten, können durch eine Mischung aus öffentlichen Mitteln, Fördergeldern, privaten Spenden und Crowdfunding finanziert werden. Organisiert werden sie oft als gemeinnützige Organisation, die von einem Mix aus ehrenamtlichen und professionellen Kräften betrieben wird. Partnerschaften mit Bildungseinrichtungen und anderen nachhaltigkeitsorientierten Gruppen erweitern ihre Ressourcen und Netzwerke. Diese Strukturen ermöglichen es, Bildungsangebote zu nachhaltiger Lebensweise bereitzustellen, die Gemeinschaft zu stärken und einen Beitrag zur ökologischen und sozialen Aufwertung städtischer Räume zu leisten.

Bild links: Der mobile Unverpacktladen auf dem Markt – so schön und einfach kann Einkaufen sein

Einfach mal den Pinsel in die Hand nehmen – und malen im öffentlichen Raum

Räume der Entfaltung

Die Kultur ist ein wesentlicher Bestandteil unseres Lebens und trägt zur Vielfalt und Bereicherung unserer Gesellschaft bei. Eine Möglichkeit, sie für alle zugänglich zu machen, ist die Nutzung öffentlicher, kostenloser Räume für Kulturveranstaltungen.

Diese Räume können vielfältig sein, zum Beispiel öffentliche Plätze, Parks, Bibliotheken, Räume aus städtischem Bestand oder Schulen. Durch die Nutzung dieser Räume für kulturelle Aktivitäten können Menschen unabhängig von ihrem sozialen oder wirtschaftlichen Hintergrund die Möglichkeit haben, Kunst und Kultur zu genießen und an Veranstaltungen teilzunehmen, die ihnen sonst vielleicht nicht zur Verfügung stehen würden.

Kulturveranstaltungen im öffentlichen Raum können dazu beitragen, dass sich Menschen aus verschiedenen Teilen der Gesellschaft treffen und miteinander interagieren. Es kann eine Chance sein, Freundschaften zu schließen, Ideen auszutauschen und ein Gefühl von Stolz und Verbundenheit mit der Gemeinschaft zu entwickeln.

Darüber hinaus kann die Nutzung öffentlicher Räume für Kulturveranstaltungen dazu beitragen, lokale Künstler und Kulturinstitutionen zu fördern. Künstler und Kulturschaffende können ihre Kunstwerke oder Aufführungen ohne hohe Kosten präsentieren.

Gebaute Welt

Öffentliche Toiletten – mal nachhaltig

Öffentliche Toiletten in Form von Komposttoiletten – dieses Angebot an nachhaltiger Sanitärversorgung gibt es bereits in einigen Städten. Komposttoiletten sind umweltfreundlicher als herkömmliche Toiletten, die im öffentlichen Raum häufig auf Chemie basieren, und sie tragen auch zur Reduzierung des Wasserverbrauchs und der Abwasserbelastung bei, weil sie kein Abwasser produzieren. Mitunter kann man sie von der Stadt auch für Veranstaltungen mieten.

Komposttoiletten sind so konzipiert, dass sie die menschlichen Ausscheidungen auf sichere und hygienische Weise behandeln. Statt Abwasser zu erzeugen, erfolgt die Sammlung in speziellen Behältern, die mit organischen Materialien wie Hobelspänen oder Sägespänen gefüllt werden. Dies ermöglicht die natürliche Zersetzung der Ausscheidungen durch Mikroorganismen.

Das gesammelte Material wird vor Ort teilweise vorkompostiert und nach der Leerung der Toilette weiter in der Kompostanlage umgewandelt, wodurch wertvoller Humus entsteht. Dieser Humus kann in der lokalen Landwirtschaft verwendet werden, um Böden zu verbessern und Pflanzen zu düngen. Auf diese Weise entsteht ein Kreislauf und die Stadt minimiert die Umweltauswirkungen der öffentlichen Sanitärversorgung.

Eine Komposttoilette kann auch im privaten Umfeld eine Alternative sein, und man kann sie auch selbst bauen. Dazu gibt es Anleitungen, zum Beispiel im Buch »Kompost-Toiletten für Garten und Freizeit« von Wolfgang Berger.

Selbst gebaut (links) oder von der Stadt im Park für die öffentliche Nutzung aufgestellt (hier von der EAD, Darmstadt) – Komposttoiletten sind nur am Anfang anders und so viel besser als ihre chemischen Vorgänger

In der Hitze des Tages brauchen wir Abkühlung in der Stadt

Trinkwasser für heiße Tage in der Stadt

Trinkwasser ist an heißen Tagen in der Stadt von entscheidender Bedeutung, um die Bewohner mit ausreichend Flüssigkeit zu versorgen und Hitzestress zu minimieren. In vielen städtischen Gebieten werden öffentliche Trinkwasserbrunnen als nachhaltige und frei zugängliche Quellen für frisches Wasser geschätzt.

Berlin beispielsweise hat ein Netz von Trinkwasserbrunnen, die den Bürgern kostenloses und qualitativ hochwertiges Wasser bieten. Diese Brunnen sind durchdacht in Parks, auf Plätzen und in belebten Stadtteilen platziert, um eine einfache Erreichbarkeit sicherzustellen. Auch in Paris gibt es solche Brunnen, die »Wallace-Brunnen«, ebenso wie in New York. Dort sind sie auch in Wohnvierteln zu finden, um sicherzustellen, dass jeder Zugang zu sauberem Wasser hat.

Trinkwasserbrunnen fördern nicht nur die Gesundheit der Menschen, sondern helfen auch dabei, Abfall von Plastikflaschen zu reduzieren. Der freie Zugang zu kostenlosen Wasserquellen unterstützt zudem die soziale Gerechtigkeit, weil er für alle gleichermaßen verfügbar ist.

Gebaute Welt

Spielplätze zum Forschen und Naschen

Spielplätze mit Beerensträuchern, zum Beispiel Johannisbeeren oder Himbeeren, bieten nicht nur Spielspaß, sondern auch eine köstliche Möglichkeit für Kinder, frische Beeren zu naschen und die Natur zu erkunden und zu erleben.

Die Kinder können dort nicht nur schaukeln und klettern, sondern auch beim Spielen Beeren direkt vom Strauch pflücken. Essbare Pflanzen auf Spielplätzen bewusst einzubinden, bietet eine Reihe von Vorteilen. Kinder können nicht nur lernen, wie Pflanzen wachsen, sondern auch den gesunden Genuss frischer Beeren erleben. Dies trägt dazu bei, die Wertschätzung für natürliche Lebensmittel zu fördern und einen nachhaltigen Lebensstil zu entwickeln.

Zusätzlich zu den gesundheitlichen Vorteilen können solche Spielplätze auch die Biodiversität fördern, und sie schaffen eine grünere und lebendigere städtische Umgebung, die Kinder dazu ermutigt, draußen zu spielen.

Ein Fest für Augen, Nase und Mund – ein Platz wird zum Spielplatz, wenn er die Lebendigkeit einlädt und sein lässt

Verbindet eure Gärten und Ressourcen!

Verbindet eure Gärten und Ressourcen!

Wenn Nachbarn ihre Gärten zusammenschließen, kann ein blühender Gemeinschaftsgarten entstehen. Jeder bringt seine individuellen Fähigkeiten und Vorlieben beim Anbau von Obst, Gemüse oder Blumen ein. Das fördert die Vielfalt, und die verfügbare Fläche kann optimal genutzt werden. Gleichzeitig könnt ihr euch gegenseitig unterstützen, Wissen austauschen und Ernten teilen.

Das Teilen von Ressourcen wie Autos und Werkzeuge ist nicht nur kosteneffizient, sondern auch umweltfreundlich. Durch die gemeinsame Nutzung von Fahrzeugen könnt ihr eure Emissionen reduzieren und die Straßen entlasten. Werkzeuge, die nur gelegentlich benötigt werden, können von mehreren Nachbarn gemeinsam genutzt werden, anstatt dass jeder Einzelne sie sich anschafft.

Auch das Teilen der Ernte ist eine Bereicherung. Jeder kann seine überschüssigen Lebensmittel teilen, sei es frisches Obst und Gemüse aus dem Garten oder selbst gemachte Marmeladen und Konserven. So kann eine Kultur des Teilens und der Großzügigkeit in der Nachbarschaft keimen und wachsen. Auch der Verschwendung wirkt ihr so entgegen.

Verbindet eure Gärten und Ressourcen!

Superblocks in Darmstadt

von Dr. phil Christina West

Der Lichtenbergblock im Martinsviertel soll Darmstadts erster »Superblock« werden. Unter dem Motto »Martin macht Platz« (»Martin« nach dem Namen des Stadtviertels) fanden auf Initiative von »Heiner*block« bereits mehrere Versuche in der Tradition des »Parking Day« statt, um mit den Bewohnerinnen und Bewohnern alternative Nutzungen zu entwickeln und zu erproben: Was ist im öffentlichen Raum alles möglich, wenn dieser nicht mehr durch den fließenden oder ruhenden motorisierten Individualverkehr blockiert wird, sondern die Flächen Fußgängern und Radfahrern zurückgegeben und für eine Vielzahl von Nutzungen geöffnet werden?

Die Bezeichnung »Superblock« bezieht sich auf die europäische Metropole Barcelona, wo sie ein 400 × 400 Meter großes Ensemble, bestehend aus 3 × 3 Häuserblocks, meint – das Ensemble »superilla«. Als Reaktion auf die enorme Lärm- und Emissionsbelastung durch den Autoverkehr und den Mangel an öffentlichen Plätzen mit guter Qualität wurde in Barcelona seit den 1990er-Jahren eine Lösung gesucht. Damit rückten der öffentliche Raum, seine Gestaltung und die mögliche Verbindung mit einem ökologischen Planungsmodell in den Mittelpunkt, und Pilotprojekte wurden entwickelt. Der erste Superblock entstand 2016 bis 2017 im Stadtviertel Poble Nou. Mit einem System von Diagonalsperren und Einbahnstraßen zur Neuordnung der Verkehrsströme und einer umfassenden Reduktion von Parkraum wurde Freiraum für die Bewohnerinnen und Bewohner geschaffen und gleichzeitig der mit Lärm und Abgasen verbundene Durchgangsverkehr abgehalten, ohne dabei den Bewohnern, Rettungskräften oder Zulieferern die Zufahrt zu nehmen.

Allerdings geht das Konzept der Superblocks in Barcelona weit über die reine Verkehrsberuhigung hinaus. Während die eigentlichen (Rück-)Baumaßnahmen oft nur auf farbige, kostengünstige und veränderbare Markierungen auf der Fahrbahn begrenzt wurden, entstanden grüne Inseln in Hochbeeten. Bäume wurden gepflanzt, Stühle und Bänke aufgestellt und temporär durch Campingtische, Tischtennisplatten und Ähnliches ergänzt – nach dem Motto »Lasst uns die Stadt mit Leben füllen!«.

Es geht in Barcelona bei den Superblocks also vor allem um mehr Lebensqualität, neue Möglichkeiten des Zusammenlebens und um direkte Beteiligung der Bevölkerung an der Entwicklung und Verwirklichung der Maßnahmen. Dabei ändert sich auch die Kommunikationen zwischen den Bewohnern und Akteuren im Quartier und den Partnern aus Politik, Verwaltung, Planung und Wissenschaft. Zugleich wird das Konzept »Stadt der kurzen Wege« realisiert, weil sich wieder mehr Gewerbetreibende, Handwerker und Kleinunternehmen, Cafés oder Ärzte im Quartier ansiedeln. Dazu wird Energie gespart, Emissionen, Lärm und Staub werden reduziert.

Der in Darmstadt als »Heinerblock« bezeichnete erste Superblock (»Heiner« werden alle echten Darmstädterinnen und Darmstädter genannt, die noch unverfälschten Dialekt sprechen) soll ebenfalls Verkehr reduzieren und Freiräume schaffen. Aufgrund von Sparmaßnahmen mussten die ursprünglichen Pläne allerdings mittlerweile einer abgespeckten Version weichen. Und Verkehrsberuhigung allein beinhaltet noch nicht, was weiter passiert: Werden die Freiräume genutzt werden, um neue öffentliche Räume zu schaffen, um die Straße zum Markplatz werden zu lassen? Werden die Heinerblocks Experimentierräume für eine nachhaltige, energieeffiziente und zukunftsorientierte Stadt, zu Begegnungsräumen für die Gemeinschaft? Das volle Potential kann nur ausgeschöpft werden, wenn auch wirklich radikale Änderungen und nicht nur isolierte Einzelmaßnahmen ausprobiert werden. Eine Reduktion auf ein bloßes Verkehrskonzept würde der Idee der Superblocks bei Weitem nicht gerecht.

Tiny Houses

Besonders in Ballungsräumen steigt die Nachfrage nach bezahlbarem Wohnraum, zugleich ist der Platz begrenzt. Tiny Houses, also winzige Häuser, bieten eine Möglichkeit, diese Herausforderungen zu bewältigen, indem sie auf kleinsten Flächen gebaut und genutzt werden können. Die meisten Tiny Houses werden aus umweltfreundlichen Materialien gebaut und sind mit energieeffizienten Geräten ausgestattet, was zu einer geringeren Umweltbelastung führen kann. Darüber hinaus ermutigt die Tiny-House-Bewegung dazu, sich auf das Wesentliche zu beschränken und den Platzbedarf zu reduzieren. Dies kann dazu beitragen, unseren ökologischen Fußabdruck zu verringern, und uns ermutigen, nachhaltiger zu leben.

Allerdings ist es wichtig, zu beachten, dass das Leben in einem Tiny House nicht für jeden geeignet ist. Insbesondere Familien müssen sich darüber im Klaren sein, dass es eine Herausforderung sein kann, mit mehreren Personen auf sehr kleinem Raum zu leben. Es erfordert eine sehr minimalistische Lebensweise, die Beschränkung auf das Wesentliche und die Verwendung multifunktionaler Möbel und raumsparender Geräte. Eine Familie muss sich abstimmen und Kompromisse finden, um ein gutes Zusammenleben zu gewährleisten.

Die Integration von Tiny Houses in städtische Gebiete steht vor vielen Herausforderungen, die sowohl gesetzliche als auch infrastrukturelle Aspekte betreffen. Zentral sind die bestehenden Bauvorschriften und Zonierungsgesetze, die oft noch auf herkömmliche Wohnstrukturen ausgerichtet sind. Es kann schwierig sein, mit einem Tiny House diese Vorgaben zu erfüllen, was die rechtliche Anerkennung und den Bauprozess beeinträchtigen kann.

In der Regel muss ein Tiny House zudem an das städtische Abwassersystem angebunden werden. Da Tiny Houses oft über Systeme zur autarken Wasserversorgung und Abwasserentsorgung verfügen, entsprechen sie nicht immer den Standardanforderungen, weil jene die alternativen Systeme noch nicht kennen. Es kann herausfordernd sein, sich mit der Stadt dann auf eine akzeptable Lösung zu verständigen.

Auch die Nutzung von Grundstücken für diese Wohnform muss möglicherweise neu überdacht werden, was einer Anpassung der städtischen Planung bedarf.

Ein nicht zu vernachlässigender Punkt ist auch die Akzeptanz seitens der städtischen Bevölkerung, Planer und Entscheidungsträger. Tiny Houses sind noch nicht allgemein bekannt, und Vorurteile gegenüber dieser Wohnform machen die Verständigung vielleicht zunächst nicht einfacher. Daher ist es wichtig, das Konzept, seine Möglichkeiten und Vorteile wie Begrenzungen bekannter zu machen.

Dennoch existieren in vielen Städten bereits sogenannte Bauwagenplätze, die Wohnraum für mobile Einheiten bieten und inspirierend sein können für die Entwicklung eigener Tiny-House-Siedlungen, die dann speziell die Bedürfnisse der Nutzer dieser Wohnform befriedigen – mit passender Infrastruktur, Grünflächen und gemeinschaftlich genutzten Bereichen.

Ein vielversprechendes Konzept könnte darin bestehen, bereits vorhandene Flächen oder städtisches Brachland für Tiny-House-Siedlungen zu nutzen und mit geschickter städtebaulicher Planung und Anpassung der Bauvorschriften harmonisch in das urbane Gefüge zu integrieren.

Das Quartier Vauban in Freiburg

Ein schönes Beispiel für eine nachhaltige Quartiersentwicklung ist das Stadtviertel »Vauban« in Freiburg im Breisgau. Es gilt als Vorzeigebeispiel für nachhaltige Stadtentwicklung und wurde in den 1990er-Jahren auf einem ehemaligen Kasernengelände gebaut.

Ein wichtiger Aspekt von Vauban ist die Verkehrsberuhigung. Es gibt kaum Autoverkehr, dafür aber viele Fahrradwege und Fußgängerzonen. Autos sind nur auf wenigen Straßen erlaubt und müssen in Tiefgaragen oder Parkhäusern geparkt werden. Dadurch wird die Luftqualität verbessert und Lärmbelästigung reduziert.

Ein weiteres Merkmal ist die Energieversorgung: Vauban setzt auf erneuerbare Energien wie Solarthermie, Photovoltaik und Holzpellets. Die Häuser sind sehr gut gedämmt und haben hocheffiziente Heizungen. Durch Quartierslösungen können auch Abwärme und Abwasser genutzt werden. Dadurch wird der Energieverbrauch reduziert und die Emissionen werden minimiert. Auch andere Ressourcen werden gemeinschaftlich genutzt, so gibt es zum Beispiel eine Waschküche, in der die Geräte gemeinsam genutzt werden können.

Mit dem Fahrrad kommt man weit – und fast noch schöner ist es, wenn man gefahren wird

Mobilität

Eine nachhaltige Stadt fördert den öffentlichen Nahverkehr und die Fahrradfreundlichkeit. Damit trägt sie zum Schutz von Umwelt und Klima bei und verbessert die Lebensqualität für ihre Menschen. Ein gut ausgebautes öffentliches Verkehrsnetz kann dazu beitragen, dass weniger Menschen auf das Auto angewiesen sind und somit weniger Emissionen entstehen. Auch der Ausbau von Fahrradwegen, Fahrradspuren und Fahrradparkplätzen ist eine wichtige Maßnahme, um nachhaltige Mobilität in Städten zu fördern. Und wer Fahrrad fährt, tut auch seiner Gesundheit etwas Gutes.

Ein weiterer Ansatz zur Förderung nachhaltiger Mobilität in Städten ist die Elektrifizierung des Verkehrs. Elektroautos und Elektrofahrräder stoßen im Betrieb keine Emissionen aus und sind somit eine umweltfreundliche Alternative zu herkömmlichen Autos. Auch die Nutzung von Carsharing-Angeboten kann dazu beitragen, dass weniger Autos auf den Straßen unterwegs sind.

Wenn der Umstieg zwischen Bahn und Fahrrad leicht geht, macht das Unterwegssein noch mehr Freude – und auch spitzes Gerät trägt das Fahrrad sicher zum Ziel

Besonders nachhaltig und effizient ist der Mix aus Bahn und Fahrrad. Immer mehr Städte fördern die Kombination aus öffentlichem Nahverkehr und Fahrradverkehr, indem sie beispielsweise Fahrradabstellplätze an Bahnhöfen schaffen oder Leihräder anbieten. Mit dem Fahrrad werden dann die ersten und die letzten Meter zum Ziel zurückgelegt. Damit das für mehr Menschen noch leichter wird, braucht es weitere Investitionen, zum Beispiel mehr Fahrradstationen an Bahnhöfen und noch großzügigere Angebote, das Fahrrad auch im Zug mitnehmen zu können.

Lastenräder sind eine weitere nachhaltige Art der individuellen Mobilität in Städten. Sie eignen sich hervorragend für den Transport von Dingen und kleinen wie auch größeren Menschen. Dabei sind sie umweltfreundlicher und oft auch schneller als Autos oder Lieferwagen. Seit einigen Jahren nutzen immer mehr Menschen ein Lastenrad und es sind auch mehr Hersteller tätig. Mittlerweile gibt es viele verschiedene Modelle, die sich an unterschiedliche Bedürfnisse anpassen lassen.

Auch im Bereich der Logistik und des Warentransports setzen immer mehr Unternehmen auf den Einsatz von Lastenrädern, um effizienter und umweltfreundlicher zu liefern. Lastenräder brauchen mehr Platz als herkömmliche Fahrräder, deshalb erleichtert eine Stadt diese Form der Mobilität, wenn sie zum Beispiel Abstellplätze fördert.

Gebaute Welt

> ### Mehr Lebensqualität durch öffentlichen Nahverkehr
>
> *Ein guter öffentlicher Nahverkehr ist sehr wichtig für eine gute Lebensqualität in der Stadt. Viele Menschen sind auf öffentliche Verkehrsmittel angewiesen, um zur Arbeit, zur Schule oder zum Einkaufen zu kommen. Besonders für Menschen mit geringem Einkommen oder Mobilitätseinschränkungen sind öffentliche Verkehrsmittel, die verlässlich da sind, nicht zu viel kosten und regelmäßig fahren, von großer Bedeutung.*
>
> *Die sozialen Aspekte sind dabei nicht zu unterschätzen. Öffentliche Busse und Bahnen ermöglichen es Menschen, am gesellschaftlichen Leben teilzunehmen und sich einfacher in der Stadt zu bewegen. Sie fördern die Integration und vermeiden soziale Isolation.*
>
> *Es ist daher wichtig, dass Städte effiziente öffentliche Verkehrsmittel zur Verfügung stellen, wo die Mitfahrt nicht zu teuer ist und die für alle Menschen zugänglich sind. Dies kann zum Beispiel durch den Ausbau von Bus- und Bahnverbindungen oder durch Sharing-Angebote für Fahrräder geschehen Das ist ein erheblicher Beitrag zu einer insgesamt sozial gerechteren Stadt.*

Energie aus nachhaltigen Quellen

Eine nachhaltige Stadt sorgt für Energie aus nachhaltigen Quellen. Solaranlagen auf Dächern können zur Stromerzeugung genutzt werden, ebenso Biomasse als Brennstoff in Kraftwerken oder Heizanlagen, wenn diese nachhaltig betrieben werden.

Eine weitere Möglichkeit sind Quartierslösungen wie Nahwärmenetze, die den Wärmebedarf von mehreren Gebäuden innerhalb eines Stadtviertel decken können. Hierbei kann die Abwärme von industriellen Prozessen oder Kraftwerken genutzt werden, um Wärme zu erzeugen, die dann an die Gebäude im Quartier verteilt wird. Auch die Nutzung von Abwasserwärme oder Erdwärme kann eine nachhaltige Wärmeversorgung ermöglichen.

Darüber hinaus können intelligente Stromnetze (Smart Grids), die nicht nur Strom, sondern auch Daten über Verbrauch und Erzeugung transportieren, sowie Energiespeicherlösungen dazu beitragen, die Energie effizient zu nutzen und zu verteilen. Das kann eine Überproduktion und Verluste vermeiden. Denn die herkömmlichen Stromnetze sind weder auf die neue Vielzahl an Erzeugern erneuerbarer Energien – zum Beispiel wenn ihr eine Solaranlage auf dem Dach habt – noch auf die natürlichen Schwankungen der so erzeugten Energiemenge ausgelegt.

Für die Umsetzung von Quartierslösungen müssen Stadtverwaltung, Energieversorger, Eigentümer und Bewohner von Häusern gut zusammenarbeiten

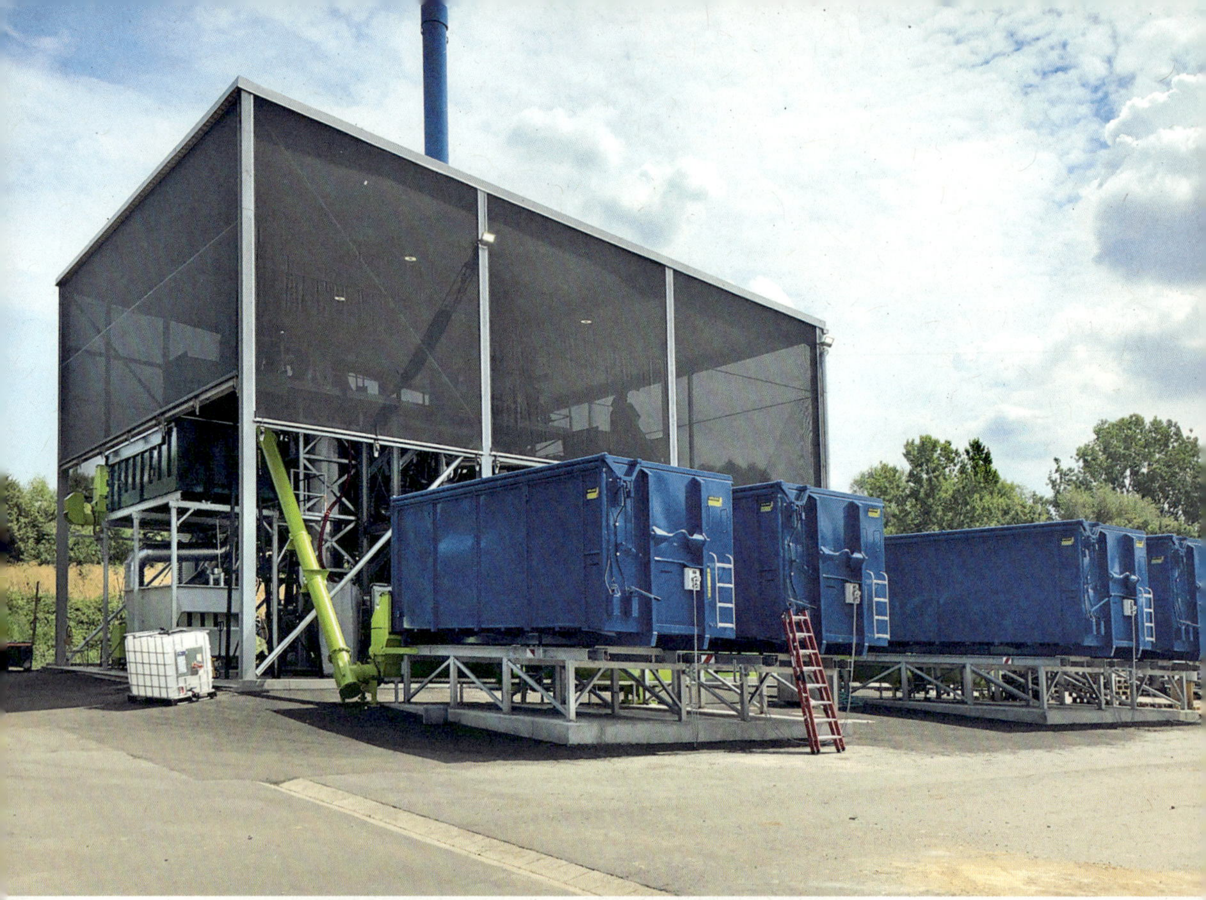

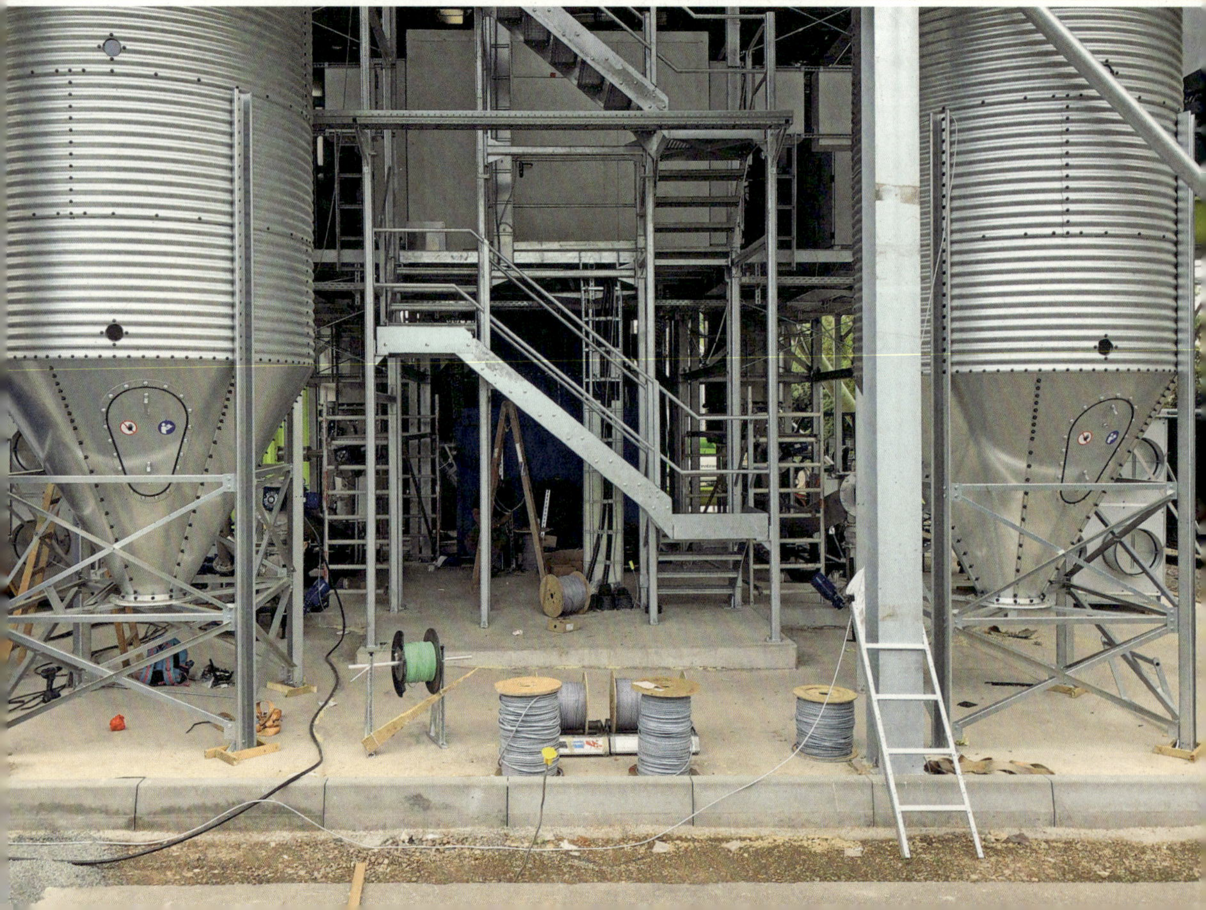

Technologien und Wirtschaft

Aus den beiden großen Bereichen »Werkzeuge und Technologien« sowie »Finanzen Wirtschaft« habe ich hier vor allem zwei Themen ausgewählt, die ich euch in diesem Kapitel vorstellen möchte: Das sind zum einen die erneuerbaren Energien und zum anderen sind es nachhaltige Wirtschaftsformen.

Wir erkunden Methoden, um eigenständig Strom zu erzeugen, und beleuchten, wie Bioabfall in der Stadt in wertvolle Erde umgewandelt werden kann. Dabei hinterfragen wir die Prinzipien des Kapitalismus und betrachten Wirtschaftsmodelle, die das Gemeinwohl in den Vordergrund stellen. Durch innovative Herangehensweisen können wir auch hier zu einer gerechteren und nachhaltigeren Gesellschaft beitragen.

Lastenrad selbst bauen

In immer mehr Städten bieten Initiativen, die sich der Nachhaltigkeit verschrieben haben, Workshops zum Selbstbau von Lastenrädern an. Dieses Angebot ist eine gute Möglichkeit, praktische Fertigkeiten im Fahrradbau zu erlernen und gleichzeitig ein maßgeschneidertes Transportmittel zu schaffen, das genau auf die individuellen Bedürfnisse abgestimmt ist. Die Workshops arbeiten mit einer einfachen und kosteneffizienten Bauweise, bei der langlebige und leicht zu wartende Materialien verwendet werden. Teilnehmende können aus einer Vielfalt von Grundmodellen wählen, die für verschiedene Anwendungen konzipiert sind – vom Personentransport bis hin zu spezialisierten Einsatzmöglichkeiten wie Catering oder mobiler Marktstand. Diese Modelle lassen sich durch eine Reihe von Erweiterungen individuell anpassen.

Anstatt auf Massenfertigung zu setzen, wird Wert auf handwerkliche Qualität, faire Arbeitsbedingungen und die Verwendung ökologisch nachhaltiger, gut recycelbarer Materialien gelegt. Die Fertigung in lokalen Werkstätten fördert nicht nur die lokale Wirtschaft, sondern ermöglicht auch eine direkte Rückkopplung zwischen Herstellern und Nutzern, was zu besser angepassten Fahrrädern führt.

Durch die Teilnahme an einem Lastenrad-Selbstbauworkshop können Interessierte nicht nur ein einzigartiges und praktisches Fortbewegungsmittel erwerben, sondern auch Teil einer Bewegung werden, die sich für eine umweltfreundlichere, sozial gerechtere und lokal verankerte Produktionsweise stark macht.

Bilder links: Die Karbonisierungsanlage der städtischen EAD Darmstadt (Eigenbetrieb für kommunale Aufgaben und Dienstleistungen) produziert wertvolle Pflanzekohle aus städtischem Grünschnitt

Technologien

Die Gestaltung einer nachhaltigen und regenerativen Zukunft erfordert neben bewährten Technologien und Handwerkswissen auch innovative Herangehensweisen und den Einsatz neuer Werkzeuge und Technologien.

Im Folgenden werfen wir einen Blick auf drei ausgewählte Instrumente, die eine Grundlage für eine permakulturelle Revolution bilden und helfen können, eine lebenswerte und ökologisch ausgewogene Zukunft zu gestalten. Das sind die erneuerbaren Energien, der Einsatz von Terra Preta und die Aquaponik.

Erneuerbare Energien

Ich glaube, jedem von uns ist klar, dass wir die Nutzung fossiler Energieträger so schnell wie nur möglich beenden sollten. Kohleabbau und Kohlekraftwerke sowie Atommeiler müssen der Vergangenheit angehören und der Ausbau der erneuerbaren Energien muss wesentlich schneller vorangetrieben werden. Zum Teil ist das auch schon in der Regierung angekommen und ein paar Schritte in die richtige Richtung wurden auch schon unternommen. Aber dennoch muss hier Tempo aufgenommen werden. Aber was können wir als Mieter in der Stadt hierbei tun? Gerne zeige ich euch ein paar Möglichkeiten auf.

Reduzieren

Der erste Schritt, um die persönliche Energiewende in die Hand zu nehmen, ist es, den Strombedarf zu reduzieren. Es gibt viele Gründe, warum das wichtig ist. Zum einen kann es dazu beitragen, die negativen Auswirkungen auf die Umwelt zu verringern und die Emissionen zu reduzieren. Zum anderen kann es auch zu erheblichen Einsparungen bei den Stromrechnungen führen.

Eine Möglichkeit, den persönlichen Stromverbrauch zu reduzieren, besteht darin, energieeffiziente Geräte zu verwenden. Moderne LED-Lampen verbrauchen deutlich weniger Strom als herkömmliche Glühlampen. Außerdem sollten Geräte, die nicht in Gebrauch sind, ausgeschaltet werden, da sie auch im Stand-by-Betrieb Strom verbrauchen können.

Zudem gibt es viele kleine Maßnahmen im Alltag, die dazu beitragen können, euren Stromverbrauch zu senken. Das Ausschalten von Licht und Geräten in Räumen, die nicht genutzt werden, kann zu erheblichen Einsparungen führen, genauso wie Energiesparmodi auf Computern und anderen Geräten zu verwenden.

Es ist auch wichtig, die Heizung und Klimaanlage nur dann zu betreiben, wenn es wirklich notwendig ist, und die Raumtemperatur auf ein vernünftiges Niveau einzustellen. Im Falle des Heizens kann eine Absenkung der Raumtemperatur um nur ein Grad Celsius zu einer Reduzierung des Energieverbrauchs um bis zu sechs Prozent führen.

Grüne Energie aus der Steckdose

Eine Möglichkeit, nachhaltige und erneuerbare Energie zu beziehen, ist natürlich, den passenden Stromanbieter zu wählen. Hier gibt es sehr viele unterschiedliche Anbieter auf dem Markt. Fast überall gibt es auch regionale Anbieter, meist in Form von Bürgergenossenschaften. Ihr Vorteil ist, dass sie ihre Energie meist in der Region beziehen, also Betreiber von Windkraftanlagen oder großen Solarfreiflächenanlagen sind. Daher kann es sein, dass ihr von dort echten regionalproduzierten »Grünstrom« erhaltet. Aber es gibt auch viele Anbieter, die »nur« die Art der Energie angeben, zum Beispiel 50 % Wasserkraft, 30 % Photovoltaik (PV), 20 % Biogas. Da kann es sein, dass Energie in Norwegen produziert wird und über den Stromhandel bei euch zu Hause ankommt. Nicht regional, aber dennoch nachhaltiger und viel besser als aus den fossilen Energieträgern.

Photovoltaik »Mieterstrom«

Im Jahr 2022 erlebten wir einen enormen Zubau an PV-Anlagen. Neben den klassischen Einfamilienhäusern mit ihrer PV-Anlage sind auch andere Akteure tätig geworden. Zum einen wollen immer mehr Unternehmen ihre eigene Energie erzeugen, um unabhängiger von Stromkosten zu werden. Zum anderen bieten ganz neue Akteure unter anderem an, eine PV-Anlage auf euer Dach zu bringen und den erzeugten Strom dann direkt an euch zu verkaufen. Dieses Modell nennt sich aktuell »Mieterstrom«.

Doch nicht nur »Fremde« können eine PV-Anlage auf dem Dach anbringen. Auch der Vermieter kann nun eine PV-Anlage auf seine Immobilie bauen und den Strom direkt an seine Mieter verkaufen, also nicht, wie in der Vergangenheit, ihn einfach »nur« in das öffentliche Netz einspeisen. Der Vermieter ist dann zugleich auch der »Energieversorger«. Hierfür gibt es bereits staatliche Fördergelder. Dies nennt sich dann »geförderter Mieterstrom« und ist an ein paar Auflagen gebunden. Solltet ihr das benötigte Kleingeld haben, könnt ihr auch selbst so ein Modell realisieren. Also eine PV-Anlage kaufen und Verbraucher (Mieter) vor Ort mit Strom beliefern.

Ihr seid dann zwar plötzlich ein »Energieversorger«, aber das ist gar nicht so kompliziert. Vor Ort muss dann ein sogenannter Messstellenbetreiber die Zählertechnik realisieren. Wollt ihr als Betreiber und Versorger auch eine gewisse Automatisierung, so empfiehlt es sich, auf fernauslesebare Zähler zurückzugreifen. Zukünftig sollen generell flächendeckend sogenannte »Smart Meter«, intelligente Messsysteme, verbaut werden, für einige Haushalte verpflichtend, und es gibt auch schon ein Gesetz dazu. Dann wären die Zähler generell fernauslesbar und Mieterstrommodelle könnten noch leichter umgesetzt werden.

Der Vorteil ist, dass die erzeugte Energiemenge direkt am Standort verbraucht wird, also eine Regionalität hergestellt wird. Weil der Strom nicht über das öffentliche Netz fließt, werden auch die Stromnetze nicht überlastet und es fallen keine Netzentgelte an. Zukünftig könnten ganze Straßenzüge oder auch Quartiere ihre eigene Stromversorgung vor Ort haben und somit überall kleine »Kraftwerke« entstehen.

Balkonsolar

Nun ist es in der Stadt oft so, dass ihr nicht der Besitzer des Gebäudes seid. Vielleicht hat der Vermieter auch kein Interesse an einer PV-Anlage. Vielleicht möchte er nicht selbst investieren und auch kein Dach verpachten. Was könnt ihr nun machen? Hier kann es sich lohnen, in eine Balkon-Solaranlage zu investieren. Andere Namen dafür sind unter anderem »Stecker-PV-Anlage«, »Mini-PV«, »Balkon-PV«, »Plug-in-PV« oder »Plug-and-Play-PV«, »Balkonkraftwerk« oder »Guerillasolar«.

Diese Anlagen sind recht einfach zu installieren und erfordern keine Genehmigung. Lediglich der Vermieter muss zustimmen und ihr braucht einen kleinen Eintrag in das sogenannte Marktstammdatenregister.

Die kleinen PV-Anlagen können ohne großen Aufwand mit dem Haushaltsnetz verbunden werden. Da ihr hier keine Vergütung des Stromes erhaltet, senkt ihr lediglich euren Grundverbrauch. Meist läuft der Kühlschrank, und auch noch andere Kleingeräte und deren Strombedarf kann damit zum Teil gedeckt werden. Man spricht dabei von Senkung der Grundlast.

Es empfiehlt sich, dass ihr euch bei der Stadt oder beim Bundesland über eine Fördermöglichkeit informiert. Die Stadt Darmstadt fördert zum Beispiel die Mieter bei der Anschaffung und organisiert auch regelmäßig Sammelbestellungen. Sollte eure Stadt, Kommune oder euer Bundesland keine Förderung anbieten, empfiehlt es sich, aktiv zu werden. Schreibt doch mal die Kommune oder die Abteilung Klimaschutz an und fragt, ob Förderungen geplant sind. Dies zeigt den Ämtern die Dringlichkeit, eine Lösung anzubieten, weil die Nachfrage hoch ist.

Es lohnt es sich auch hier, vorher die Gegebenheiten vor Ort zu betrachten. Welche Ausrichtung hat dein Balkon? Klar ist Südausrichtung immer gut, aber gibt es dort eventuell einen Schattenwurf von anderen Gebäuden oder Bäumen? Wenn die Lage dann passt, habt ihr die Wahl. Ein Modul oder zwei Module? Zulässig sind

Ob auf dem Garagendach (links) oder ganz klein als »Fensterkraftwerk« von Christian Richter (rechts) – mit Photovoltaik könnt ihr euch ein Stück weit mit Strom selbst versorgen

hierbei bis zu 600 W pro Hausanschluss, wobei es Ende 2024 auf 800 W angehoben werden soll, dies sind in der Regel zwei PV-Module. Bis ins Jahr 2023 brauchte man noch einen speziellen Stecker beziehungsweise eine sogenannte Energiesteckdose. Dies ist seit Ende 2023 nicht mehr vorgeschrieben und ihr könnt die PV-Anlage direkt mit dem Stecker in eure Steckdose stecken. Einige Wechselrichter haben ein integriertes WLAN-Modul und bieten eine Software an, in der ihr sehen könnt, wie viel Solarstrom aktuell von eurer Anlage erzeugt wird. Meist gibt es eine passende App und ihr könnt sehen, wie schnell sich eure Anlage rentiert hat.

Für die Montage sowohl direkt am Balkon als auch auf Flachdächern, wie zum Beispiel auf der Garage, gibt es spezielle Halterungen, und diese sind auch sehr zu empfehlen. Denn hier kommt natürlich einiges an Gewicht zusammen und es muss auch vor Sturm und Schneelast gut gesichert sein. Bei uns zu Hause haben wir uns für zwei Module auf einem Garagendach entschieden. Denn dort konnten wir die Halterung ohne Bohren und nur mit passenden Gewichten auf ein Flachdach stellen. Wichtig ist hierbei nur, dass ihr euch genau die zulässige Traglast des Daches anschaut, wenn ihr mit Gewichten arbeitet. Natürlich können diese auch direkt ins Dach verschraubt werden. Aber hier muss der Vermieter zustimmen. Auch für den Balkon gibt es passende Halterungen, bei denen nicht gebohrt werden muss.

Technologien

Und ganz wichtig: Ihr müsst sicher sein, dass die Steckdose, in die ihr eure Solaranlage steckt, auch in euren Stromkreis geht. Manchmal sind »Outdoor«-Steckdosen oder solche in der Garage oder im Hof dem Allgemeinstrom zugewiesen. Wenn ihr diese verwendet, senkt ihr zwar auch die Grundlast, habt aber selbst eigentlich nichts Direktes von eurem Balkonkraftwerk. Auch hier einfach mal den Vermieter fragen, welche Steckdosen denn in Frage kommen würden.

Eine kompaktere Variante eines Balkonkraftwerks stellt das »Fensterkraftwerk« dar, dessen Schöpfer, Christian Richter, als Vorreiter für Fensterkraftwerke agiert.

> ### Solarkocher und Solar-Dörrofen
>
> *Auch anderweitig können wir die Sonnenenergie auf unserem Balkon nutzen. Zum Beispiel mit einem Solarkocher oder einem kleinen Dörrofen. Wichtig sind auch hier zum einen die Ausrichtung nach Süden sowie die Berücksichtigung der zulässigen Traglast des Balkons. Zum anderen die Frage: »Wofür genau möchte ich den Ofen verwenden?« Denn der Platz auf dem Balkon und die Traglast sind begrenzt und wir müssen Kompromisse mit anderen Nutzungswünschen finden.*
>
> *In meinem Beispiel haben wir einen kleinen Dörrofen gebaut, der lediglich zum Trocknen von Kräutern da ist. Hier trocknet meine Frau Wildkräuter, zum Beispiel für Tees und Würzmischungen. Für Beeren ist er nur bedingt geeignet, aber auch möglich. Es gibt viele Anleitungen und Bauanleitungen in Büchern und im Internet, um ein Solar-Dörrgerät zu bauen. Die meisten Materialien können leicht beschafft werden und sind relativ kostengünstig.*
>
> *Gebaut haben wir unseren Ofen aus Alt-Materialien, denn uns war das Prinzip »vermeide Abfall« wichtig. Die Glasscheibe kommt von einem alten Aquarium, der Kasten ist eine alte Holzkiste und die Bretter stammen teils vom Sperrmüll oder sind übrig von anderen Projekten. Lediglich die schwarze Farbe habe ich gekauft. Die Vorteile eines selbst gebauten Solar-Dörrgeräts sind vielfältig. Es ist eine umweltfreundliche und energiesparende Methode, um Lebensmittel zu konservieren. Es ist auch eine großartige Möglichkeit, um überschüssige Ernte aus dem Garten zu verarbeiten. Darüber hinaus können die getrockneten Lebensmittel vielseitig verwendet werden, zum Beispiel in Müslis, Smoothies oder als Snack für unterwegs.*
>
> *Wichtig ist hierbei, darauf zu achten, dass die verwendeten Materialien keine gesundheitlichen Schadstoffe enthalten. Also keinen Lack oder Kleber, der dann bei den hohen Temperaturen ausdampft.*

Aus Holzresten und einer Glasscheibe aus einem alten Aquarium entstand dieser kleine Solar-Dörrofen auf dem Balkon – sehr praktisch zum Trocknen von Kräutern

Bioabfall wird zu Pflanzenkohle

Pflanzenkohle ist auf den ersten Blick vielleicht nicht beeindruckend, aber ihre verborgenen Qualitäten sind bemerkenswert. Sie wird durch pyrolytische Verkohlung pflanzlicher Ausgangsstoffe hergestellt. Ihre poröse Struktur erlaubt es, große Mengen an Nährstoffen und Wasser zu speichern und bei Bedarf abzugeben. Außerdem bleibt der in ihr enthaltene Kohlenstoff langfristig gebunden, weil sich die Pflanzenkohle kaum zersetzt. Pflanzenkohle ist auch ein wesentlicher Bestandteil von Terra Preta (siehe Seite 106).

In vielen Städten entstehen hierzu bereits größere Projekte.. Sie nutzen organische Abfälle und Gehölzschnitte, die bei der Pflege städtischer Grünflächen anfallen, um sie in wertvolle Rohstoffe umzuwandeln.

Die Pflanzenkohle, angereichert mit Mikroorganismen und Mykorrhiza-Pilzen, ist ein wertvoller Bestandteil bei der Schaffung fruchtbarer Erde. Einige Städte verwenden Pflanzenkohle bereits bei der Pflanzung ihrer Stadtbäume, Vorreiter in Europa war hier Schweden mit dem »Stockholmer System«, das mittlerweile auch andere Städte anwenden. Pflanzenkohle ist nicht nur günstig für die Gesundheit und Lebensdauer von Bäumen – insbesondere von Stadtbäumen, die enormem Stress ausgesetzt sind. Sie ist auch ein Weg, Kohlenstoff langfristig zu speichern und festzulegen, wodurch die Emissionslast sinkt.

Gemeinsam schaufeln für lebendigen Boden –
zum Stroh mit Mist kann noch Terra Preta gegeben werden, so wird es noch besser

Terra Preta

Terra Preta, auch als »Schwarze Erde« bekannt, ist eine äußerst fruchtbare Bodenart, die ursprünglich im Amazonasbecken von indigenen Völkern vor mehreren Tausend Jahren entwickelt wurde. Diese besondere Erde zeichnet sich durch ihre dunkle Farbe, ihren hohen Gehalt an Nährstoffen und Kohlenstoff sowie durch ihre Fähigkeit aus, Kohlenstoff über lange Zeiträume zu binden. Das macht sie zu einem wichtigen Bestandteil für nachhaltige Landwirtschaft und Bodenmanagement.

Die Wirkung von Terra Preta basiert auf der Beimischung von Pflanzenkohle zum Boden, zusammen mit anderen organischen Materialien wie Kompost. Die Pflanzenkohle wird durch Pyrolyse hergestellt – ein Prozess, bei dem Biomasse, zum Beispiel Holzabfälle, Stroh oder Gartenschnitt, in einem sauerstoffarmen Umfeld erhitzt wird. Dieser Prozess wandelt die Biomasse in eine stabile Form von Kohlenstoff um, die über Jahrhunderte oder gar Jahrtausende stabil im Boden verbleiben kann.

Die Einbindung von Pflanzenkohle verbessert die Bodenstruktur erheblich. Sie erhöht die Porosität und damit die Fähigkeit des Bodens, Wasser und Nährstoffe zu speichern. Zudem fördert sie das Wachstum von Mikroorganismen, die für die Bodengesundheit wesentlich sind. Durch diese Eigenschaften wird die Bodenfruchtbarkeit gesteigert. Gleichzeitig trägt Terra Preta durch die Bindung von Kohlenstoff zur Minderung der Klimakrise bei, indem sie als Kohlenstoffsenke dient.

Aquaponik – Fische und Gemüse in der Stadt

Aquaponik ist ein innovatives System, das die Aquakultur (Fischzucht) und Hydroponik (Pflanzenanbau ohne Boden) kombiniert. In der Aquaponik werden Fische in einem geschlossenen Kreislaufsystem gezüchtet, in dem das Wasser kontinuierlich gefiltert und recycelt wird. Die Pflanzen wachsen in demselben Wasser und nutzen die von den Fischen produzierten Ausscheidungen als Nährstoffquelle. Durch diese Beziehung profitieren sowohl die Fische als auch die Pflanzen.

In zunehmend mehr Städten gibt es Aquaponik-Betriebe, die frische Kräuter, Salate und Fische lokal produzieren und vor Ort verkaufen.

Aquaponik auch zuhause?

Wie du dein eigenes Aquaponik-System bauen und betreiben kannst? Es erfordert einige Kenntnisse in den Bereichen Fischzucht, Pflanzenanbau und Wasserchemie sowie eine gewisse Investition in die benötigte Ausrüstung.

Im Grundprinzip fließt das Wasser in einem geschlossenen Kreislauf durch den Fischtank, das Filtersystem und das Beet mit den Pflanzen. Die Fische produzieren Ammoniak, der von Bakterien im Filter zu Nitrit und Nitrat umgewandelt wird, die wiederum von den Pflanzen als Nährstoffe aufgenommen werden. Das gereinigte Wasser fließt dann zurück in den Fischtank. Es gibt verschiedene Arten von Aquaponik-Systemen, wie das »Flood-and-Drain-System« oder das kontinuierliche System, die sich in ihrer Funktionsweise und den benötigten Materialien unterscheiden. Filter und Pumpen verbrauchen Energie, die am besten aus einer nachhaltigen Energiequelle stammt, zum Beispiel in Form von Solarenergie.

Einige Arten von Fischen und Krebsen eignen sich für die Aquaponik besonders gut, zum Beispiel Tilapia, Karpfen oder die Süßwassergarnele. Es ist jedoch wichtig, zu beachten, dass diese Tierarten unterschiedliche Anforderungen an die Wasserqualität, vor allem an die Temperatur und den Sauerstoffgehalt, sowie an andere Umweltbedingungen haben. Bevor du dich für eine bestimmte Fischart oder Krebsart entscheidest, solltest du sicherstellen, dass du die notwendigen Kenntnisse und Fähigkeiten hast, um die Tiere artgerecht zu halten und zu pflegen. Es ist auch wichtig, dass du einen geeigneten Standort hast und die Erzeugung der benötigten Energie im Verhältnis zum Ertrag steht.

Wenn du daran interessiert bist, ein Aquaponik-System zu bauen und zu betreiben, empfehle ich dir, dich gründlich über das Thema zu informieren, zum Beispiel durch Bücher, Online-Ressourcen oder Workshops. Ein gut geplantes und ausgeführtes Aquaponik-System kann jedoch eine lohnende Investition sein, da es dir ermöglicht, frische Lebensmittel zu produzieren und dabei Wasser und Energie zu sparen.

Das Ende des Kapitalismus?

Kapitalismuskritiker argumentieren, dass dieses Wirtschaftssystem zu sozialer Ungleichheit und Umweltzerstörung führt und Gemeinschaftswerte erodiert. Alternative Ansätze wie die solidarische Landwirtschaft, die Förderung von Allgemeingütern und das Konzept des Teilens statt Kaufens bieten Möglichkeiten, diesen Herausforderungen entgegenzuwirken.

- Die solidarische Landwirtschaft (Solawi) basiert auf Kooperation und gemeinschaftlicher Verantwortung. Landwirte und Verbraucher bilden eine Gemeinschaft, die gemeinsam die Kosten und Risiken der Nahrungsmittelproduktion trägt. Dies fördert nicht nur nachhaltige Anbaumethoden, sondern stärkt auch lokale Ökonomien und Gemeinschaften.
- Allgemeingüter, wie öffentliche Parks, Bibliotheken und öffentliche Verkehrsmittel, sind Ressourcen, die der gesamten Gemeinschaft zur Verfügung stehen und nicht auf Profit ausgerichtet sind. Sie können zeigen, wie Ressourcen effizient und gerecht genutzt werden können, ohne die Gewinnmaximierung als Hauptantrieb zu sehen. In einer kapitalistischen Gesellschaft, in der privates Eigentum und dessen Vermehrung sowie Konsum oft im Vordergrund stehen, bieten Allgemeingüter einen wichtigen Kontrapunkt. Sie fördern das Gemeinwohl und die soziale Gerechtigkeit, indem sie allen Menschen unabhängig von ihrem Einkommen oder sozialen Status zugänglich sind.
- Das Konzept des »Leihens statt Kaufens« ist eine Alternative zur »Wegwerfkultur«, wo der ständige Kauf neuer Produkte Ressourcen verschwendet und Menschen von der Umwelt und anderen Menschen entfremden kann. Plattformen für das Teilen von Autos, Werkzeugen und anderen Gütern reduzieren die Notwendigkeit, Produkte zu kaufen, die nur selten genutzt werden. Das fördert eine effizientere Nutzung von Ressourcen, verringert Abfall und unterstützt Gemeinschaftssinn.

Solidarische Landwirtschaft, Allgemeingüter und das Konzept des Teilens zeigen Wege, wie eine gerechtere, nachhaltigere und gemeinschaftsorientiertere Gesellschaft gestaltet werden kann, in der der Wert eines Menschen oder einer Ressource nicht allein durch ihren monetären Wert bestimmt wird.

Finanzen und Wirtschaft

Wir, in der westlichen Welt und fast überall auf unserem Planeten, leben in und mit dem Kapitalismus. Die Wirtschaft und deren Wachstum stehen im Vordergrund. Aber eigentlich sollte doch das Wohl aller Lebewesen, Mensch wie Natur, im Vordergrund stehen. Wie heißt es so schön? Irgendwann merken wir wohl, dass wir Geld nicht essen können. Aber bevor es so weit kommt und im besten Fall nicht kommen wird, dass wir anfangen, unser Papiergeld oder Plastikkarten zu essen, blicken wir auf verschiedene alternative Wirtschaftsmodelle. Es gibt viele Ideen und auch viele unterschiedliche Ansätze, die nicht das Kapital, sondern das Wohl der Menschen und die Natur in den Vordergrund stellen. Dies fordert auch eine Umstellung in unserem Bezug zum Geld an sich. Wie wäre es, wenn Geld wirklich nur als »Mittel zum Zweck«, als Zahlungsmittel und nicht mehr, angesehen wird. Und nicht dessen Vermehrung oder Anhäufung als wichtigstes Ziel angenommen wird. Wenn wir Ressourcen nur verwenden, weil wir und die Gesellschaft sie wirklich brauchen, und nicht, um nur Geld damit zu verdienen. Ja, dies fordert einen anderen Bezug zum Geld, zu den Themen Kapitalvermehrung und Wirtschaftswachstum.

Es gibt viele kluge Köpfe, die sich mit Szenarien jenseits von Kapitalismus auseinandersetzen, und viele Bewegungen, die das Gemeinwohl in den Vordergrund stellen. Mit der Gemeinwohlökonomie und dem Konzept des Regionalgeldes möchte ich euch zwei davon vorstellen.

Gemeinwohlökonomie

Gerne möchte ich eine alternative Wirtschaftsform nennen, die Kapital und Wirtschaftswachstum weniger in den Vordergrund stellt: die Gemeinwohlökonomie (GWÖ). Sie entstand aus einer unabhängigen Bewegung und ist eine Alternative zum klassischen Kapitalismus. Sie stellt die Menschenwürde, Solidarität, ökologische Nachhaltigkeit, soziale Gerechtigkeit und demokratische Mitbestimmung in den Vordergrund.

Unternehmen, die nach diesem Modell arbeiten, verpflichten sich, ökologisch und sozial verantwortungsvoll zu handeln. Sie müssen ihre Unternehmensstrategie, Produktion und Geschäftspraktiken offenlegen und können anhand von Indikatoren wie der Verteilung der Gewinne, der Umweltbilanz und der Mitarbeiterzufriedenheit bewertet werden. Innerhalb der Gemeinwohlökonomie-Bewegung gibt es Regionalgruppen. Sie bieten eine wertvolle Plattform, um sich lokal zu engagieren und die Ideen dieser Art von Wirtschaft in der eigenen Region zu verbreiten.

Finanzen und Wirtschaft

Einige Möglichkeiten, wie du für die Gemeinwohlökonomie aktiv werden kannst:
* Nehme an einem Treffen teil: Besuche Treffen der regionalen Gemeinwohlökonomie-Gruppen, um dich mit Gleichgesinnten zu vernetzen, neue Ideen zu sammeln und dich über aktuelle Entwicklungen auszutauschen. Dort kannst du auch direkt erfahren, welche Aktionen und Projekte es in deiner Region bereits gibt und was geplant ist.
* Gründe eine Gruppe: Wenn es in deiner Region noch keine Regionalgruppe gibt, dann gründe eine. Damit kannst du dazu beitragen, dass sich das Konzept in deiner Region verbreitet und lokal umgesetzt wird.
* Unterstütze lokale Unternehmen: Unterstütze lokale Unternehmen, die sich nach den Prinzipien der Gemeinwohlökonomie ausrichten. Hierbei geht es nicht nur um dein Kaufverhalten, sondern auch um die direkte aktive Unterstützung von Unternehmen, beispielsweise durch Empfehlungen oder durch das Teilen von Informationen in Sozialen Netzwerken.
* Engagiere dich politisch: Engagiere dich politisch auf regionaler Ebene, um die Gemeinwohlökonomie voranzutreiben. Hierbei kannst du beispielsweise lokale Politiker ansprechen, um das Thema in der Politik zu verankern, oder dich für politische Maßnahmen einsetzen, die das Modell unterstützen.
* Führe Aktionen durch: Plane und führe eigene Aktionen durch, um das Thema in der Region bekannter zu machen. Beispielsweise könntest du Informationsstände organisieren oder Kampagnen starten, die auf die Ideen der Gemeinwohlökonomie aufmerksam machen.

Die Regionalgruppen der Gemeinwohlökonomie bieten viele Möglichkeiten, sich aktiv für das Konzept einzusetzen und es in der eigenen Region zu verbreiten. Wer sich engagiert, kann dazu beitragen, dass diese Ideen immer mehr Menschen erreichen und sich langfristig in der Wirtschaft etablieren.

Die Vision der Gemeinwohlökonomie

Die Wirtschaft dient dem Gemeinwohl und nicht der Geldvermehrung um ihrer selbst willen. Ungleichheiten bei Einkommen, Vermögen und Macht halten sich in maßvollen Grenzen. Der Umweltverbrauch bleibt innerhalb der Regenerationsfähigkeit natürlicher Ökosysteme und der planetaren Grenzen. Gegenwärtige und zukünftige Generationen sollen die gleichen Lebenschancen genießen. Im Gegensatz zum herkömmlichen kapitalistischen Wirtschaftssystem, dessen Ziel die Maximierung von Gewinnen ist, strebt die Gemeinwohlökonomie eine Steigerung des Gemeinwohls an.

Visionen brauchen Zeit und Raum, um zu wachsen – und dürfen dann hinaus in die Welt, so zum Beispiel bei Informationsveranstaltungen oder Workshops

Regionalgeld

Regionalgeld ist eine Währung, die in einer bestimmten Region verwendet wird und dazu dient, die lokale Wirtschaft und die Gemeinschaft zu stärken, den Austausch und die Zusammenarbeit zu fördern. Durch die Verwendung von Regionalgeld kann mehr Geld in der lokalen Wirtschaft bleiben und dazu beitragen, dass kleine Unternehmen und lokale Produzenten gestärkt werden.

Es gibt verschiedene Modelle von Regionalgeld. Im Allgemeinen wird eine Regionalwährung von lokalen Organisationen oder Initiativen ausgegeben und nur in bestimmten Geschäften oder für bestimmte Dienstleistungen in der Region akzeptiert.

In Deutschland gibt es einige Regionalgeld-Systeme. Eine bekannte Regionalwährung ist zum Beispiel der Chiemgauer, der im Chiemgau, einer Region in Bayern, verwendet wird. Der Chiemgauer kann für den Einkauf in mehr als 700 Geschäften und Dienstleistungen in der Region ausgegeben werden und hat dazu beigetragen, dass mehr Geld in der lokalen Wirtschaft bleibt.

Auch in anderen Regionen und Ländern gibt es Regionalgeld-Systeme und sie können auch neu entwickelt werden, wenn es bei dir noch kein solches System gibt.

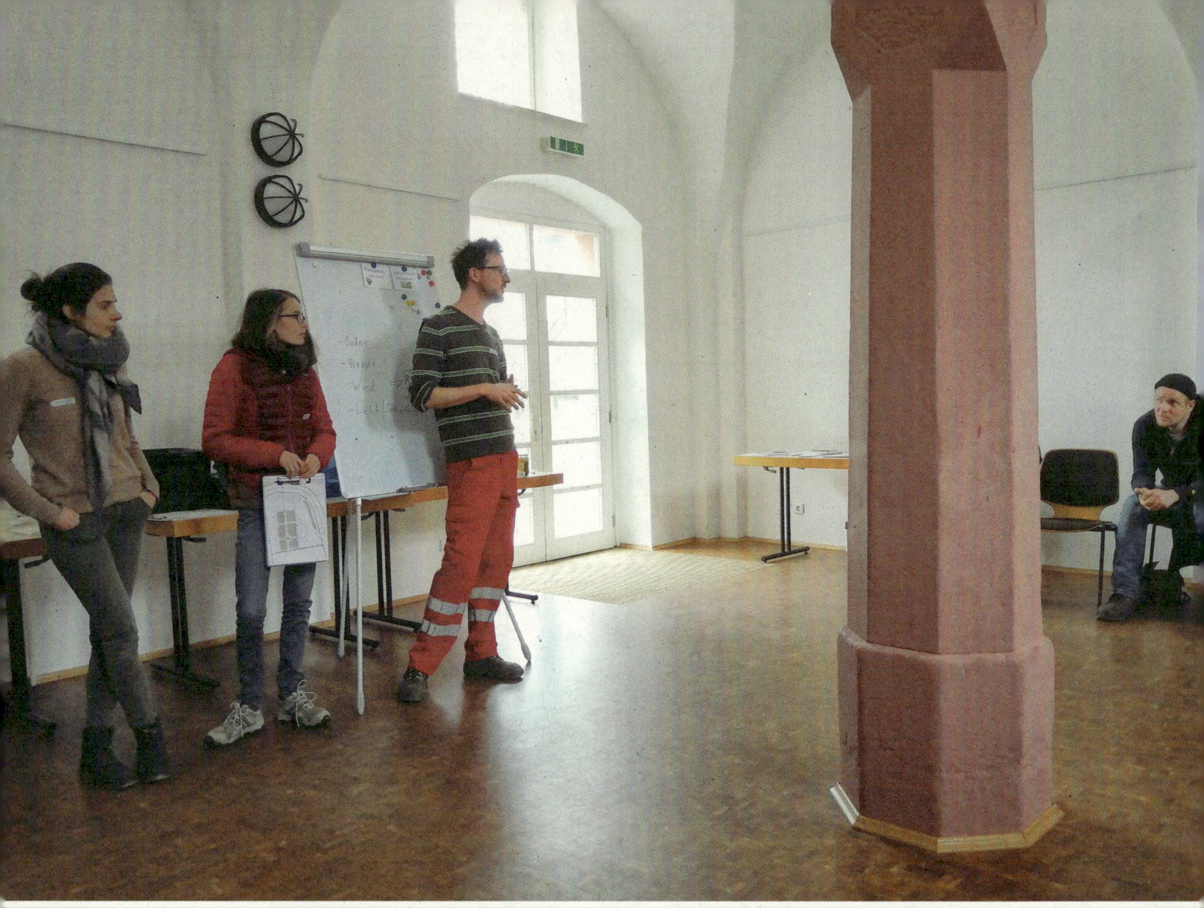

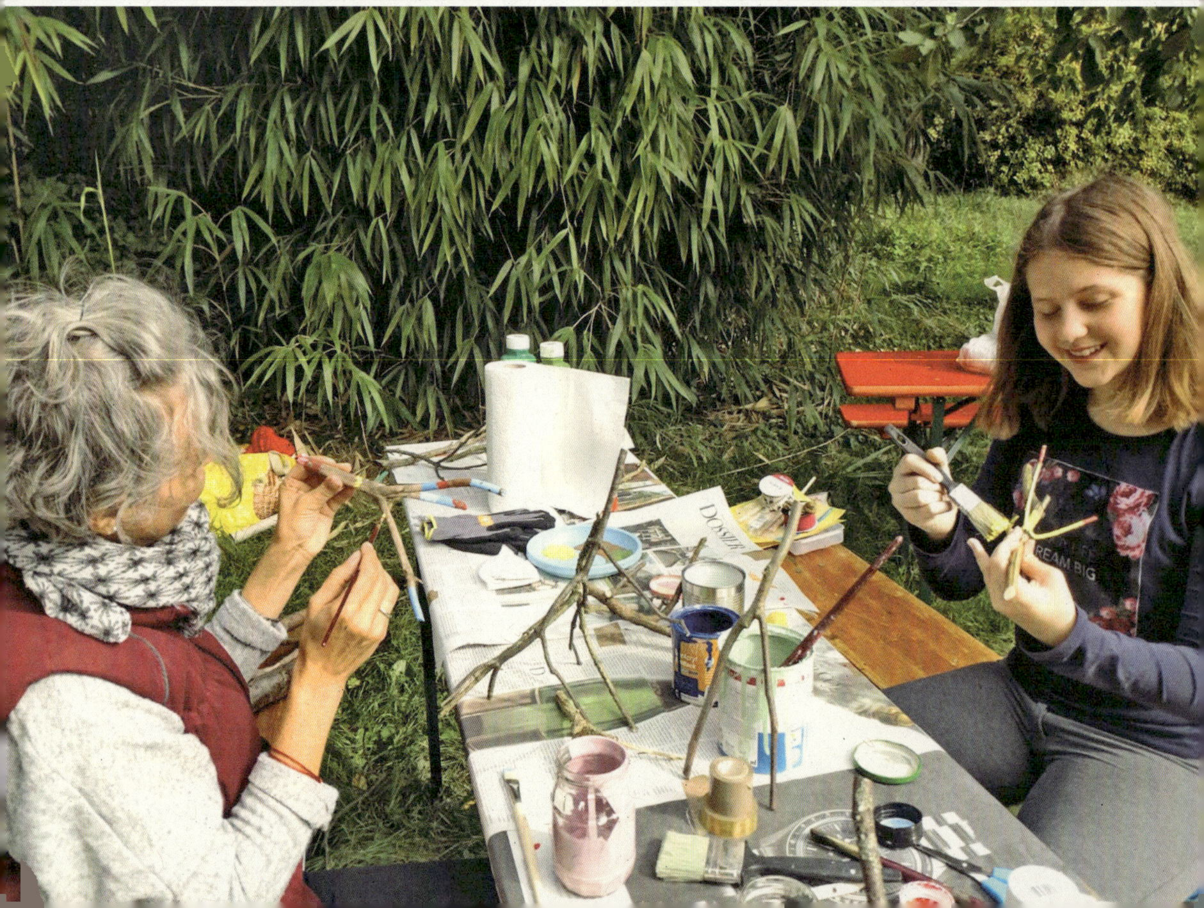

Soziale Gemeinschaft und Politik

Jenseits der formellen Strukturen von Regierungen entfaltet sich Politik in unserem täglichen Leben, beeinflusst unsere Interaktionen und formt unsere Zukunft. Die Stärke von Gemeinschaften liegt in ihrer Fähigkeit, Verbindungen zu knüpfen, Ressourcen zu teilen und gemeinsam nach Antworten auf Herausforderungen zu suchen. Soziale Verantwortung fungiert dabei als Anker, der Gemeinschaften zusammenhält und eine Grundlage für eine gerechtere und nachhaltigere Welt bildet.

In diesem Kapitel erfahrt ihr von Möglichkeiten, wie Gemeinschaften aufblühen können, und welche Rolle individuelles Handeln für den sozialen Wandel spielt. Tauche ein in die vielfältigen Dynamiken von Politik, Gemeinschaft und Sozialem, denn in gemeinsamer Gestaltung formen wir die Realität, in der wir leben.

Transition-Town-Bewegung

Die Transition-Town-Bewegung (»Stadt im Wandel«) wurde im Jahr 2006 unter anderem von Rob Hopkins ins Leben gerufen, einem britischen Umweltaktivisten und Lehrer für Permakultur. Hopkins und seine Studierenden am Kinsale Further Education College in Irland erkannten, dass die bisherigen und konventionellen Methoden zur Bekämpfung der Klimakrise und Ressourcenknappheit unzureichend sind und es Zeit ist, alternative Ansätze zu entwickeln.

Inspiriert von Konzepten wie »Peak Oil« und der Arbeit der Systemwissenschaftlerin und Gründerin der Tiefenökologie Joanna Macy entwickelten Hopkins und seine Schüler einen Plan zur Schaffung von nachhaltigen und widerstandsfähigen Gemeinschaften. Sie nannten diese Bewegung »Transition Town«

Seit ihrer Gründung hat sich die Transition-Town-Bewegung auf der ganzen Welt verbreitet und Tausende von Gemeinden haben sich ihr angeschlossen. Auch in Deutschland gibt es mittlerweile zahlreiche Transition-Town-Initiativen. Die Bewegung hat auch eine Vielzahl von Projekten und Initiativen hervorgebracht, darunter Gemeinschaftsgärten, Reparaturwerkstätten, Energiesparmaßnahmen und

Bilder links: Teilt eure Ressourcen und gebt dem Leben,
das in euch ist, euren Ausdruck – nur Mut!

nachhaltige Verkehrssysteme. Sie trägt dazu bei, die Bedeutung von Nachhaltigkeit und Zusammenarbeit auf lokaler Ebene bewusst zu machen, und sie bietet eine Plattform für kreative Lösungen für eine nachhaltige Zukunft.

Transition-Town-Initiativen bieten eine breite Palette von Aktivitäten an, die darauf abzielen, lokale Gemeinschaften widerstandsfähiger und nachhaltiger zu machen.

Bei uns in Darmstadt gibt es ebenfalls eine Transition-Town-Gruppe, die seit einigen Jahren schon viele Projekte entwickelt hat und Untergruppen hervorgebracht hat. »Transition Town Darmstadt« bietet unter anderem folgende Projekte an: Lastenradverleih, Mitfahrerbanken, Wandelkarte, Wortbank, Leihladen »Heinerleih«, Saatgut-Tauschboxen, Permakulturgärten, vegane Kochtreffen und diverse Repaircafés.

Sollte es in eurer Stadt noch keine Transition-Town-Initiative geben, lohnt es sich auf jeden Fall, eine zu gründen!

Gemeinschaft

Als soziale Wesen brauchen wir den Kontakt zu anderen und das Gefühl, Teil einer Gemeinschaft zu sein. Wir sind von Natur aus auf Beziehungen angewiesen, um uns zu entwickeln und zu wachsen. Gemeinschaften bieten uns die Möglichkeit, unsere Identität und Zugehörigkeit zu definieren, indem sie uns mit einem Netzwerk von Menschen verbinden, die ähnliche Werte, Interessen und Erfahrungen teilen.

> ## Gemeinschaft fördern
>
> *Für die Bildung und den Aufbau von Gemeinschaften gibt es viele Werkzeuge und Methoden, die eingesetzt werden können. Regelmäßige Treffen sind zum Beispiel ein wichtiger Bestandteil der Gemeinschaftsbildung, da sie die Möglichkeit bieten, dass sich die Mitglieder kennenlernen und Ideen austauschen können. Soziale Netzwerke sind ein weiteres effektives Werkzeug, um Menschen miteinander zu vernetzen und Informationen zu teilen. Die gemeinschaftliche Arbeit an einem Projekt fördert die Zusammenarbeit innerhalb einer Gemeinschaft, die Gruppenmitglieder können sich dabei näher kennenlernen und ihre Fähigkeiten teilen. Der Austausch von Wissen und Fähigkeiten ist ein wichtiger Aspekt der Gemeinschaftsbildung und kann durch Workshops, Vorträge oder auch Projekte erreicht werden. Auch gemeinsame Feiern fördern die Gemeinschaft.*

Miteinander wohnen und nicht nur nebeneinander – vor 25 Jahren begann eine Gruppe von Menschen, diesen Traum Wirklichkeit werden zu lassen. Heute leben unter dem Dach der Genossenschaft »WohnSinn« in Darmstadt bereits 240 Menschen zusammen.

Eine starke Gemeinschaft kann uns das Gefühl von Sicherheit, Unterstützung und Solidarität geben, insbesondere in schwierigen Zeiten. Wenn wir Teil einer Gemeinschaft sind, können wir uns auf andere verlassen, um uns bei der Bewältigung von Herausforderungen zu helfen, sei es durch materielle Ressourcen, emotionale oder moralische Unterstützung. Wir können auch von anderen lernen und uns gegenseitig inspirieren, unsere Fähigkeiten und Talente weiterzuentwickeln.

Gemeinschaften sind auch wichtig für unser Wohlbefinden und unsere Gesundheit. Studien haben gezeigt, dass Menschen, die in lebensförderlichen Gemeinschaften leben, glücklicher, gesünder und weniger anfällig für psychische Erkrankungen sind. Das Gefühl der Zugehörigkeit und der sozialen Unterstützung kann auch dazu beitragen, das Selbstwertgefühl und die Selbstwirksamkeit zu erhöhen.

Durch die Stärkung unserer Gemeinschaften können wir unsere Gesellschaft positiv beeinflussen und ein besseres Leben für uns und unsere Mitmenschen schaffen.

Gemeinschaftliches Wohnen

Viele kennen vielleicht das Problem, wenn man allein wohnt, sich vielleicht einsam fühlt oder auch während besonderer Umstände, zum Beispiel bei vorübergehender Krankheit oder Ähnlichem. Dann ist man allein in seiner Stadtwohnung, manchmal sind die Familienmitglieder weit weg und auch Freunde wohnen in anderen Stadtteilen. Gerade junge Eltern werden heute oft vor die Herausforderung gestellt, dass beide Elternteile arbeiten gehen müssen, um hohe Mieten oder Kredite zu bezahlen. Und wie sieht es dann mit der Kinderbetreuung aus?

Ich persönlich bin kein Freund von Kindergärten, die Kinder von morgens um 7 bis abends um 17 Uhr betreuen. Aber oft sind gerade junge Eltern auf diese Betreuungszeiten angewiesen. Bei uns in der Stadt sind genau diese Kindergärten sehr nachgefragt.

Hier sehe ich einen der großen Vorteile des gemeinschaftlichen Wohnens. In einem Wohnprojekt, in dem alle Generationen vertreten sind, entsteht im besten Fall eine Symbiose der Generationen. Ältere Generationen, die schon im Ruhestand sind, finden Freude daran, ihre verfügbare Zeit zu nutzen und junge Eltern in der Kinderbetreuung zu unterstützen. Die Kinder haben dann viele Omas und Opas und diese erfahren eine besondere Wertschätzung. Gleichzeitig werden auch die Älteren in ihren Bedürfnissen versorgt. Zum Beispiel wenn die jungen Eltern den Einkauf für sie mitübernehmen und schwere Kisten tragen.

Aber auch unterschiedliche Einkommen und Nationalitäten fördern ein gemeinschaftliches Wohnprojekt. Denn dort findet sich das Prinzip »Nutze und schätze die Vielfalt« wieder. Wie wäre es, wenn du zum Abendessen zu deinem syrischen Mitbewohner gehst und die köstliche syrische Küche kennenlernen darfst?

Im Wohnprojekt gibt es Gemeinschaftsräume wie eine Werkstatt, geteilte Waschmaschinen, Dinge, die man untereinander teilt und nicht jeder Haushalt selbst braucht. Auch eine Food-Coop oder eine Abholstation der solidarischen Landwirtschaft kann im gemeinsamen Wohnprojekt sein. Für uns als Familie war es zum Beispiel ein wundervolles Geschenk, dass wir nach der Geburt unserer Tochter die ersten drei Wochen nicht selbst kochen mussten. Wir wurden komplett versorgt mit Essen und konnten so gemeinsam mit unserer Tochter in einem geborgenen Raum ankommen.

Soziale Gemeinschaft und Politik

Natürlich gibt es ein paar Basics, mit denen man sich vorher auseinandersetzen muss. Das sind unter anderem: Wie viel Gemeinschaft will ich denn? Eher ein WG-Leben oder ist mir eine eigene Wohnung wichtig für den persönlichen Rückzug?

Wie viel Platz brauche ich wirklich? Je kleiner meine Wohnung ist, desto häufiger bin ich vielleicht in den Gemeinschaftsräumen oder im gemeinsamen Innenhof oder Gemeinschaftsgarten unterwegs.

Habe ich genug Kapazitäten, um ein Projekt zu gründen, oder ist es sinnvoller, mich einem bereits bestehenden Projekt anzuschließen?

Gibt es schon Projekte und Gruppen in meiner Stadt?

Wenn ihr eine Gruppe seid, die einen Ort für gemeinschaftliches Wohnen sucht, müsst ihr weitere Aspekte klären, zum Beispiel:

Wie viel Kapital haben wir? Wie viel Wohnraum braucht die Gruppe? Wie viel Gemeinschaftsfläche brauchen wir? Wie treffen wir Entscheidungen, zum Beispiel im Konsens? Und natürlich noch viel mehr.

Gerade wenn du auch viel Eigenkapital investieren möchtest, ist es wichtig, den Rahmen genau abzustecken. Denn das Leben ist dynamisch und Veränderungen finden ständig statt. Dies soll nur eine Inspiration für dich sein. Wenn ihr gemeinschaftlich wohnen wollt, gibt es auch im Internet viele Informationen zu verschiedenen Gruppen, Rechtsformen, Stiftungen und Wohnformen.

Ich möchte euch zwei Modelle vorstellen. Das eine ist das Mietshäuser Syndikat. Das andere ist ein Wohnprojekt, das als Genossenschaft organisiert ist: das »WohnSinn« in Darmstadt (siehe Seite 118).

Das Mietshäuser Syndikat

Das Mietshäuser Syndikat ist ein innovatives Modell für gemeinschaftliches und solidarisches Wohnen, das den Fokus auf die Menschen und nicht auf Profit legt. Die Idee dahinter ist, bezahlbaren Wohnraum zu schaffen, der dauerhaft von den Bewohnerinnen und Bewohnern selbst verwaltet wird.

Gegründet wurde das Mietshäuser Syndikat als Reaktion auf die steigenden Immobilienpreise und die damit einhergehende Gefahr der Verdrängung von sozial schwächeren Bevölkerungsschichten aus ihren Wohnvierteln. Das Konzept basiert darauf, dass eine bestehende oder zukünftige Hausgemeinschaft einen Haus-Verein gründet und mit diesem Verein Mitglied beim Mietshäuser Syndikat wird. Dazu wird auch eine eigenständige GmbH gegründet, deren erste Gesellschafterin der Haus-Verein ist. Der Verein erwirbt die Immobilie als gemeinsames Eigentum, die Bewohner sind gemeinsam die Mieter. Das Mietshäuser Syndikat berät beim Kauf und ist zweite Gesellschafterin.

Gemeinschaft

Der Verkauf der Immobilien ist im Mietshäuser Syndikat ausgeschlossen. Damit wird sichergestellt, dass die Wohnprojekte auch langfristig der Spekulation entzogen sind und bezahlbaren Wohnraum für kommende Generationen bieten können. Die Häuser, die dem Syndikat angeschlossen sind, werden von den Bewohnerinnen und Bewohnern selbst verwaltet. Entscheidungen über Renovierungen, Mietpreise und weitere Angelegenheiten werden demokratisch getroffen.

Eine soziale Mischung innerhalb der Wohnprojekte wird gefördert. Dort finden Singles, Familien, Studierende, Menschen mit unterschiedlichem Einkommen und verschiedenen Hintergründen einen Raum des Zusammenlebens.

Das Mietshäuser Syndikat zeigt, dass es Alternativen zum herkömmlichen Immobilienmarkt gibt. Es setzt auf Solidarität, Gemeinschaft und langfristige Perspektiven statt auf kurzfristige Profitmaximierung.

WohnSinn Darmstadt

Die Wurzeln von »WohnSinn« reichen zurück ins Jahr 1998, als eine Gruppe von Menschen in Darmstadt gemeinsam nach Alternativen zum konventionellen Wohnalltag suchte. Als Ergebnis dieser gemeinschaftlichen Bemühungen wurde die Genossenschaft »WohnSinn« ins Leben gerufen, und 2003 entstand das erste Mehrfamilienhaus als Passivhaus.

Heute leben unter dem Dach von WohnSinn etwa 240 Menschen in drei Hausgemeinschaften mit 118 sozialgeförderten und frei finanzierten Genossenschafts- oder eigentumsähnlichen Dauerwohnrechtswohnungen. Ein viertes Gebäude mit 40 Wohnungen ist derzeit in Planung. Jede Person hat ihre eigenen vier Wände, darüber hinaus stehen allen Bewohnern gemeinschaftlich genutzte Räume wie Gästezimmer oder Werkstatt zur Verfügung. Ein Mittelpunkt für alle Bewohner ist der große Gemeinschaftsraum mit Küche und Terrasse in jedem der drei Projekte. Die Menschen leben dort nicht nur nebeneinander, sondern miteinander.

Die Selbstverwaltung spielt eine zentrale Rolle, da viele Arbeiten – Hausmeister, Garten, Hausverwaltung – von den Bewohnern in Arbeitsgruppen selbst erledigt werden. Die Organisation erfolgt teils in Eigenregie, teils über die Genossenschaft und die drei Hausgemeinschaften stehen miteinander im Austausch.

Das vorrangige Ziel von WohnSinn ist ein dauerhaft kostengünstiges und ökologisches Wohnen in einer »bunten« sozialen Mischung. Dort finden ältere und jüngere Menschen, Haushalte mit unterschiedlichem Einkommen, Familien, Singles, Alleinerziehende, Menschen mit in- und ausländischen Wurzeln sowie Menschen mit und ohne Behinderung einen gemeinsamen Lebensraum. Die Entscheidungen über das Zusammenleben werden dabei gleichberechtigt und demokratisch getroffen.

Politik

Permakultur kann auch politische Entscheidungen beeinflussen, indem sie alternative Modelle der Landwirtschaft oder der Energieerzeugung vorstellt und den Druck auf Regierungen erhöht, nachhaltige und umweltfreundliche Richtlinien zu verabschieden. Permakultur-Praktikerinnen und -Praktiker können auch politisch aktiv werden und beispielsweise für den Schutz der Umwelt oder die Förderung nachhaltiger Methoden eintreten. Politiker sind oft das Ziel von Kritik und Schuldzuweisungen, wenn wir mit der Politik unzufrieden sind. Doch manchmal zu Unrecht, denn es gibt Politiker, die sich für eine nachhaltige Welt einsetzen, sich bereits in der Vergangenheit für lebensförderliche Initiativen engagiert haben oder den Ernst der Lage erkannt haben. Aber anstatt jemanden zu verteidigen oder zu verurteilen, möchte ich ermutigen, selbst aktiv zu werden und Veränderungen zu bewirken.

Du musst nicht gleich einer Partei beitreten, um einen positiven Einfluss zu haben. Ein erster Schritt wäre, sich mit der Politik auf kommunaler Ebene auseinanderzusetzen. Dort haben Entscheidungsträger oft einen direkten Einfluss auf dein Umfeld. Oft sind Städte auch glücklich darüber, wenn sich engagierte Bürger finden, die Initiativen und Projekte ins Leben rufen und so einen spürbaren Wandel in der Stadtbevölkerung bewirken.

Ein Beispiel sind Programme, bei denen Bürgerinnen und Bürger kostenlos oder zu vergünstigten Preisen Saatgut und Pflanzen für ihren Garten oder Balkon erhalten können. Dadurch wird die Artenvielfalt erhöht und das städtische Klima verbessert.

Ein weiteres Beispiel sind Fahrradwerkstätten, in denen Ehrenamtliche Fahrräder reparieren und Spenden entgegennehmen, um bedürftigen Menschen kostenlose oder kostengünstige Fahrräder zur Verfügung zu stellen. Dadurch wird die umweltfreundliche Mobilität gefördert und sozial benachteiligte Menschen können sich ein Fortbewegungsmittel leisten.

Auch Lebensmittel- und Unverpackt-Läden werden in einigen Städten von Initiativen aus Bürgerinnen und Bürgern geführt. Der Verkauf und Kauf regionaler und saisonaler Produkte und das Vermeiden von Verpackungen schont die Umwelt und stärkt die lokale Wirtschaft. In eine ganz ähnliche Richtung gehen Tausch- und Reparaturcafés für Kleidung, Bücher, Elektrogeräte oder Möbel. Und schließlich gibt es öffentliche Bücherschränke, in denen Bürgerinnen und Bürger Bücher ausleihen oder tauschen können. Dadurch wird der Zugang zu Bildung und Kultur verbessert.

All diese Projekte und Initiativen werden von engagierten Bürgern vorangetrieben und haben einen positiven Einfluss auf die Umwelt und die Gemeinschaft. Durch die Zusammenarbeit mit kommunalen Entscheidern und die Nutzung von Fördermöglichkeiten können solche Projekte erfolgreich umgesetzt werden.

Werdet politisch aktiv!

Vielleicht fragt ihr euch, wie ihr denn konkret politisch aktiv werden sollt. Für mich hört sich das immer nach einem Parteibeitritt an. Aber das muss gar nicht immer sein. Um euch für mehr Nachhaltigkeit zu engagieren, könnt ihr auch folgendermaßen politisch aktiv werden:

* Wählen gehen: Eine wichtige Möglichkeit, politischen Einfluss zu nehmen, ist die Teilnahme an Wahlen. Informiere dich über die Positionen der Parteien zu nachhaltigen Themen und wähle eine Partei, die deinen Ansichten entspricht.
* Kontakt zu politischen Entscheidern aufnehmen: Schreibe Briefe oder E-Mails an politische Entscheidungsträger, um deine Meinung zu nachhaltigen Themen zu äußern und sie zu ermutigen, Maßnahmen zu ergreifen. Du kannst auch an lokalen Treffen teilnehmen und deine Anliegen direkt an die Politiker herantragen.
* Mitglied einer Umweltschutzorganisation werden: Es gibt viele Organisationen, die sich für Nachhaltigkeit und Umweltschutz einsetzen. Werde Mitglied einer solchen Organisation und unterstütze sie durch deine Mitgliedschaft und Spenden. Du kannst auch an Veranstaltungen teilnehmen und dich aktiv einbringen.
* Selbst aktiv werden: Engagiere dich selbst in Initiativen und Projekten, die Nachhaltigkeit fördern, und nehme damit Einfluss auf die kommunale Politik. Es gibt viele Möglichkeiten, wie du deinen Alltag nachhaltiger gestalten und dich für die Umwelt einsetzen kannst.
* Online-Petitionen unterstützen: Es gibt viele Online-Petitionen zu nachhaltigen Themen, die du unterstützen kannst, indem du sie unterschreibst und teilst.

Eine wirksame Veränderung von Gesetzen, die manchmal auf veralteten Beschlüssen basieren – wie beispielsweise Regelungen zu Komposttoiletten, Tiny Houses oder zur Erzeugung alternativer Energie im städtischen Raum –, ist vor allem dann möglich, wenn eine ausreichende Anzahl engagierter Menschen aktiv werden. Diese Bürgerbeteiligung ist wichtig, um politische Entscheidungsträger dazu zu bewegen, bestehende Vorschriften zu überdenken und anzupassen.

Es gibt viele Wege, um politisch aktiv zu werden und sich für Nachhaltigkeit einzusetzen. Finde heraus, welche am besten zu dir passen, und setze dich für eine nachhaltige Zukunft ein!

Ein Abstecher in den zivilen Ungehorsam

Ziviler Ungehorsam ist eine Form des Protests, bei der Menschen absichtlich gegen Gesetze, Regeln oder Befehle verstoßen, um auf eine ungerechte oder unethische Situation aufmerksam zu machen. Eine der bekanntesten Persönlichkeiten, die zivilen Ungehorsam zur Förderung von Nachhaltigkeit und Umweltschutz einsetzt, ist Vandana Shiva.

Shiva ist eine indische Umweltaktivistin und Globalisierungskritikerin, die sich für den Schutz der Biodiversität und die Förderung nachhaltiger Landwirtschaft einsetzt. Sie ist Mitbegründerin von »Navdanya«, einer Organisation, die sich unter anderem für die Erhaltung traditioneller Saatgutsorten einsetzt. Shiva hat oft zivilen Ungehorsam gewählt, um auf die Auswirkungen von Monokulturen, Gentechnik und Chemikalien in der Landwirtschaft hinzuweisen. Ziviler Ungehorsam kann eine mächtige Waffe sein, um auf Missstände aufmerksam zu machen und positive Veränderungen herbeizuführen. Es kann jedoch auch riskant sein und zu rechtlichen Konsequenzen führen. Es ist wichtig, dass ziviler Ungehorsam im Einklang mit den Prinzipien der Gewaltlosigkeit ausgeführt wird und die Menschenrechte und den Rechtsstaat respektiert.

Ziviler Ungehorsam kann im Alltag viele verschiedene Formen haben, von individuellen Aktionen bis hin zu koordinierten Massenprotesten. Eine Form von zivilem Ungehorsam kann zum Beispiel die Blockade von Infrastruktur sein. Aktivisten könnten öffentliche Infrastruktur oder Verkehrswege blockieren, um gegen Umweltzerstörung oder soziale Ungerechtigkeit zu protestieren. Ein Beispiel hierfür ist das Blockieren von Autobahnen, Zufahrten von Kohlekraftwerken, um gegen den Ausstoß von Treibhausgasen zu protestieren.

Besetzung von Räumlichkeiten ist eine weitere Form von zivilem Ungehorsam. Aktivisten könnten öffentliche oder private Räumlichkeiten besetzen, um gegen politische Entscheidungen oder gesellschaftliche Missstände zu protestieren. Zum Beispiel könnten sie ein leerstehendes Gebäude besetzen, um auf die Wohnungsnot und die steigenden Mieten aufmerksam zu machen.

Allerdings ist ziviler Ungehorsam oft ein politisches Thema und wird oft kontrovers diskutiert. Während einige es als legitimes Mittel des Protests betrachten, sehen es andere als Störung der öffentlichen Ordnung oder als Bedrohung für die Demokratie.

Unabhängig von den Konsequenzen kann ziviler Ungehorsam jedoch dazu beitragen, öffentliche Aufmerksamkeit für politische und soziale Missstände zu erzeugen und den Druck auf Regierungen und Unternehmen zu erhöhen, ihre Politik zu ändern und gerechtere und nachhaltigere Entscheidungen zu treffen.

Bildung, Spiritualität und Kultur

In diesem Kapitel rücken Bildung, Spiritualität und Kultur in den Mittelpunkt unseres Blickfelds. Ähnlich wie in anderen Lebensbereichen bietet die Permakultur auch hier eine Fülle von Ansätzen, die eure lokalen Aktivitäten und Gestaltungsprozesse beeinflussen können.

In diesem Kapitel werde ich euch einige Beispiele vorstellen, wo Permakultur in Bildung, Spiritualität und Kultur verankert ist. Es ist jedoch wichtig zu wissen, dass diese Beispiele nur einen Ausschnitt dessen zeigen, was möglich ist. Möglicherweise gibt es in eurer Kommune ähnliche Projekte oder Initiativen, die permakulturelle Prinzipien verkörpern. Die Bandbreite der permakulturellen Ansätze in diesen Lebensbereichen ist breit gefächert, und es lohnt sich, eigene Entdeckungen zu machen.

Dieses Kapitel soll nicht nur eine informative Darstellung sein, sondern auch als Inspiration dienen. Die aufgeführten Möglichkeiten sollen eure Kreativität anregen und euch ermutigen, eigene permakulturelle Schöpfungen zu entwickeln und umzusetzen. Es ist eine Einladung, die vielfältigen Wege der Permakultur in eurem eigenen Umfeld zu erkunden und aktiv mitzugestalten.

Kinder in der Permakultur

Um unseren Planeten zu schützen, müssen wir unseren Blickwinkel ändern und anfangen, Menschen und Ressourcen nicht länger als selbstverständlich zu betrachten. Stattdessen sollten wir uns um langfristige Folgen kümmern und unsere Welt verantwortungsvoll behandeln. Besonders wichtig ist es, Kinder frühzeitig darin zu unterstützen, empathische Beziehungen zueinander und zur Natur aufzubauen. Nur so können wir einen Sinneswandel herbeiführen.

Die Kindheit ist eine wertvolle Phase, in der Menschen ihre grundlegenden Einstellungen zur Welt, zur Natur und zueinander entwickeln können. Wenn wir gemeinsam mit ihnen Permakultur praktizieren, lernen sie, wie wichtig es ist, Ressourcen zu achten und kreativ mit der Welt im Einklang zu leben. Dadurch fördern

Bild links: Vielleicht gibt es auch in deinem Umfeld eine Gruppe oder einen Verein, wo du Gleichgesinnte finden kannst – das geht manchmal ganz leicht

wir eine Kultur der Kooperation und des wechselseitigen Wohlstands, anstatt auf individuellen Wettbewerb um begrenzte Ressourcen zu setzen.

Kinder verbringen heute weniger Zeit in der Natur und immer mehr Zeit vor Bildschirmen oder bei geregelten Aktivitäten. Das kann zu negativen Auswirkungen auf ihre Entwicklung führen, wie Störungen bei der Sinnesverarbeitung oder Konzentrationsprobleme. Draußen zu spielen hat viele Vorteile, wie mehr Bewegung und bessere kognitive Entwicklung, und kann Übergewicht und Stress reduzieren. Es ist wichtig, Lehrstrategien zu entwickeln, die den Kindern eine Beziehung zur Natur vermitteln und positive erwachsene Vorbilder bereitstellen, die ihnen dabei helfen, diese Beziehung zu entwickeln. Permakultur ist eine gute Möglichkeit, um Kindern auf eine ansprechende und motivierende Weise eine Verbindung zur Natur zu vermitteln und sie in einer ganzheitlichen Art und Weise zu unterstützen.

Bildung

Vorlesen

Bildung ist ein lebenslanger Prozess, der in der Regel schon in der frühen Kindheit beginnt. Die Art und Weise, wie Eltern mit ihren Kindern interagieren, beeinflusst die kognitive, emotionale und soziale Entwicklung der Kinder. In der heutigen Zeit wird oft die Bedeutung des klassischen Vorlesens unterschätzt, da wir von modernen Technologien wie Smartphones, Tablets und Tonieboxen abgelenkt werden.

Dabei ist Vorlesen eine wunderbare Möglichkeit, um Kinder in die Welt der Literatur einzuführen und ihnen die Freude am Lesen zu vermitteln. Besonders schön ist es, gemeinsam mit den Kindern schöne Kinderbücher vorzulesen und dabei auf wichtige Themen wie Nachhaltigkeit, Natur oder Ökosysteme einzugehen.

Durch das Vorlesen können Eltern nicht nur die Vorstellungskraft und Kreativität ihrer Kinder fördern, sondern auch ihre Sprachentwicklung und ihr Vokabular verbessern. Es ist auch eine Gelegenheit, um eine Verbindung zu den Kindern aufzubauen und ihnen das Gefühl zu geben, dass sie gehört und verstanden werden.

Zeit, um mit den Kindern zu kuscheln und eine spannende Geschichte zu genießen, kann es zum Beispiel während der kalten, grauen Wintertage geben. Nach dem Lesen können wir mit den Kindern über die Geschichte sprechen und erfahren, was sie bemerkenswert fanden und wie sie sich fühlten. Dadurch können Kinder auch ihre Fähigkeit verbessern, Gedanken und Gefühle auszudrücken.

Erzählen, planen, vorlesen, gemeinsam herumsitzen und teilen – viel mehr braucht es oft gar nicht, um froh zu sein

Kindergarten

Die Kinder werden älter und irgendwann ist die Zeit für einen Kindergarten gekommen. Viele von euch kennen die Situation vielleicht. Kindergärten in der Stadt sind voll, ein Platz ist nicht mehr garantiert und einen Kindergarten aussuchen zu können, ist oft schon ein Luxus. Dann ist der Betreuungsschlüssel auch noch schlimm und man hat ein schlechtes Gefühl, sein Kind dort hinzubringen.

Aber es geht auch anders. Es entstehen Kindergärten, die Natur und Naturnähe bewusst in ihr Konzept aufnehmen. Draußen-Tage einrichten oder auch gänzlich draußen sind. Wir hatten das Glück, dass wir einen freien Platz in einem Waldkindergarten für unsere Tochter bekamen. Und das auch noch in unserem Stadtteil. Unsere Tochter durfte drei Jahre lang die Jahreszeiten hautnah miterleben und kam stets glücklich und manchmal auch von Kopf bis Fuß als »Matschmonster« nach Hause. Dort gab es kein Plastikspielzeug, sondern eben das, was der Wald gerade hervorgebracht hatte. Bunte Blätter, großartige Stöcke oder den allerschönsten Stein, der am nächsten Tag dann gleich wieder vom allertollsten Stein übertroffen wurde. Die Kinder lernen dort nicht nur im Einklang mit der Natur zu sein, sie lernen auch Verantwortung im Umgang mit Tieren und wie sich Kreisläufe der Natur anfühlen.

Wir brauchen die Verbindung zur Natur – von klein auf

Unsere Tochter bekam hautnah die Hitzesommer der letzten Jahre mit und erlebte, was Wasserknappheit im Wald bedeutet. Und was für uns auch sehr schön war: Der Kindergarten ist in wunderschönen Streuobstwiesen am Stadtrand gelegen. Der Verein, der hinter dem Kindergarten steht, bewirtschaftet dort einiges an Obstbaumbestand und verkauft Apfelsaft und viele weitere Produkte der Streuobstwiesen.

Es entstehen aber auch in »normalen« Kindergärten immer wieder tolle Projekte. So gibt es zum Beispiel Kindergärten, in denen Kinder eigene Gemüsebeete betreuen und dort einen Bezug zum Gemüse aufbauen können. Kinder lieben es, zu naschen, und freuen sich über Erdbeeren oder Erbsen aus dem eigenen kleinen Hochbeet. Wichtig bei all den Projekten ist es auch, die Pädagogen dafür zu gewinnen. Ihnen Workshops und Kurse zu Themen wie Nachhaltigkeit oder naturnahes Gärtnern zu ermöglichen. Vieles muss nämlich von der Leitung und den Erziehern in Eigenregie umgesetzt werden. Warum also keinen Permakulturkurs für Erzieher veranstalten, gefördert durch Mittel der öffentlichen Hand?

Bildung, Spiritualität und Kultur

Schulgärten

Der nächste Schritt nach dem Kindergarten ist meist die Schule. Viele Schulen bieten bereits verschiedene Projekte an, meist im Schulalltag integriert. So gibt es oft eine Garten-AG oder eine Imkerei-AG. Aber auch Gemüsebeete sind oft zu finden, und manchmal gibt es ein großes Gartengelände mit vielen unterschiedlichen Beeten und sogar Schafen oder anderen Tieren, die dort gehalten werden. Die Kinder bewirtschaften, abhängig von ihrer Jahrgangsstufe, dann verschiedene Gemüsebeete. Dort lernen sie, wie natürliche Kreisläufe entstehen und wie wichtig auch die Grundlage des Kompostierens ist. So bekommen sie ein Gefühl dafür, wo unsere Nahrung entsteht und was es dazu braucht. Aber auch, was es heißt, Verantwortung zu übernehmen, wenn man selbstständig ein Beet betreut oder für ein Tier zu sorgen hat. Es gibt auch Initiativen, die genau das an öffentliche Schulen bringen, wie zum Beispiel die »GemüseAckerdemie«.

Schulgärten sind auch ein wichtiger Bestandteil der Umwelterziehung. Durch den Einsatz von natürlichen Düngemitteln und mit umweltfreundlichen Praktiken können Kinder lernen, wie sie ihre Umwelt schützen und erhalten können.

Fast geschafft – und die frische Erde ist endlich im Garten

Zone Z – wer bin ich?

Willkommen in Zone Z – dem Raum der Selbstreflexion und Selbstkenntnis. Diese Zone wird auch »Zone 00« genannt, in Anlehnung an die Zone 0. In diesem Buch nenne ich sie »Zone Z«. Hier tauchen wir tief in unser Innerstes ein und stellen uns grundlegende Fragen:

Wer bin ich? Wie geht es mir wirklich? Welche Bedürfnisse habe ich, und was ist für mein Wohlbefinden von essentieller Bedeutung? Die Zone Z ist der Ort, an dem wir erkunden, welche Elemente uns zu einer stabilen Säule im alltäglichen Leben machen.

Die Auseinandersetzung mit der Frage, was wir in der Welt erreichen und umsetzen möchten, bildet einen weiteren Schwerpunkt dieser Zone. Durch die Klärung unserer Ziele und Werte können wir ein tiefes Verständnis für uns entwickeln. Diese innere Klarheit ist entscheidend, denn nur wenn wir im Inneren stabil sind, können wir dauerhaft stabile und sinnvolle Projekte in die Welt bringen.

Die Reise durch Zone Z ist eine Reise zu sich selbst. Hier legen wir den Grundstein für ein bewusstes, erfülltes Leben und erkennen die Verbindung zwischen unserem inneren Wohlbefinden und dem, was wir in die Welt bringen möchten.

Ikigai

»Ikigai« ist ein Konzept, das aus Japan stammt. Es beschäftigt sich mit der Frage nach dem individuellen Lebenssinn und der individuellen Lebensfreude.

Diese Methode hat mir vor einigen Jahren geholfen, zu schauen, wo ich gerade im Leben stehe. Erfüllt mich mein Beruf? Was sind meine Stärken? Verdiene ich genug mit dem, was ich gerne mache, um mich und meine Familie gut zu versorgen?

Das Konzept ist mir im Zuge meiner Ausbildung zum Permakultur-Designer begegnet. Ein Kommilitone hatte einen kurzen Vortrag darüber gehalten und ich merkte schnell, dass es mich ansprach. Denn ich war gut in dem, was ich beruflich zu diesem Zeitpunkt tat, aber für die Welt war der Beruf eben nicht gut. Mein Gefühl hatte mir dies schon länger gesagt, aber so richtig wahr haben wollte ich es erst einmal nicht. Da erschien es mir sinnvoll, mich mit dem Ikigai-Konzept zu befassen und meine aktuelle Situation zu überprüfen.

Aber auch für die Zukunft eines jeden ist es interessant und hilfreich. Wo will ich hin? Ist dies ein guter Schritt für mich und auch für die Welt?

Ganz praktisch und vereinfacht lässt sich das Konzept als Schema darstellen, das aus vier Kreisen besteht, die sich überschneiden. In der Mitte, wo sich alle Kreise überschneiden, befindet sich das »Ikigai«.

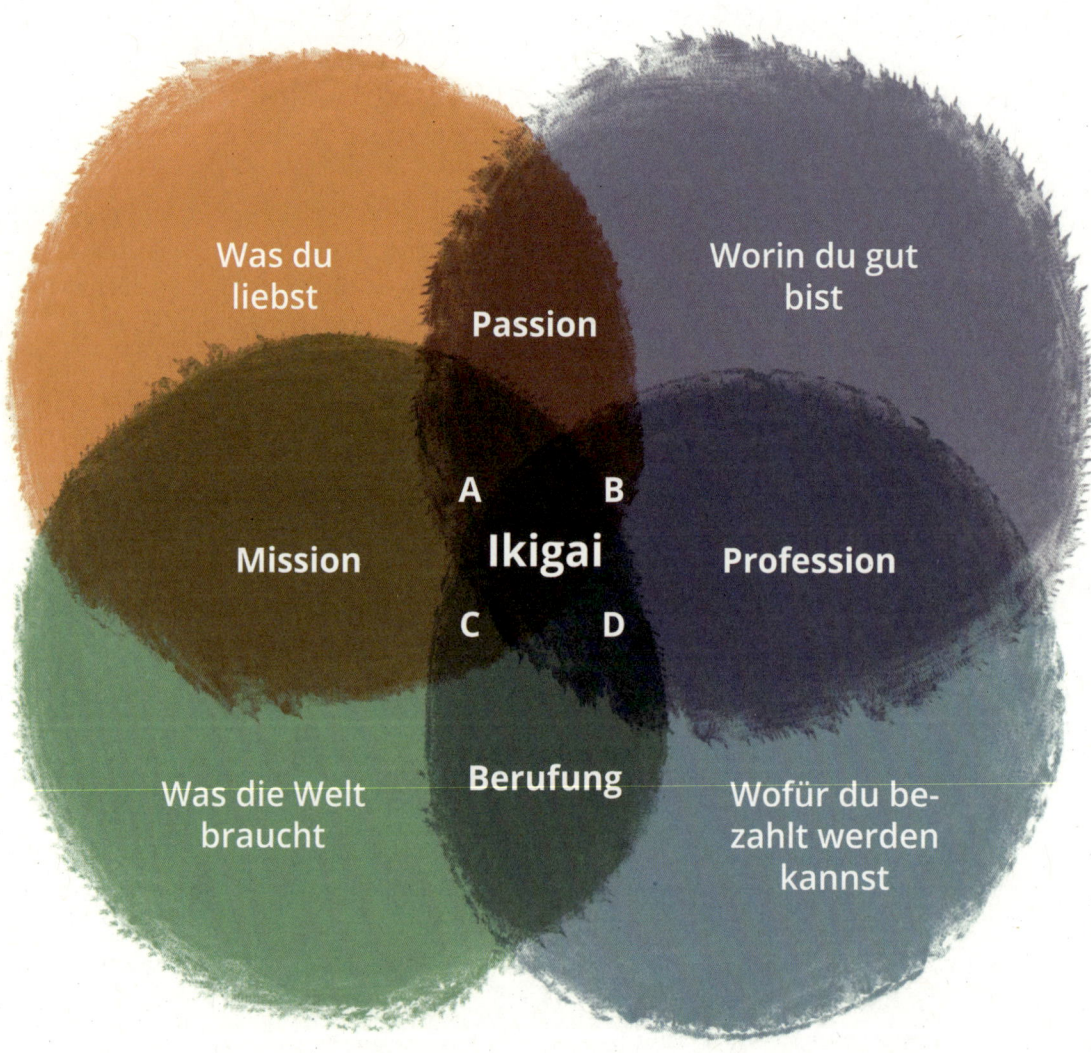

Die vier Kreise

Was liebst du?
Was machst du gerne? Worin gehst du so richtig auf und deine Leidenschaft kommt zum Blühen? Bei welchen Tätigkeiten kannst du dich spüren und fühlst du dich geerdet? Was findest du spannend und möchtest noch viel darüber lernen?

Worin bist du gut?
Was kannst du gut? Welche Fähigkeiten heben dich hervor? Was geht dir ganz leicht von der Hand, wenn du es anpackst? Worin liegen deine Stärken?

Was braucht die Welt?
Welche Herausforderungen beschäftigt die Gesellschaft momentan? Gibt es etwas, was in der Welt fehlt und benötigt wird? Was ist gut für die Natur, die Menschen und für alle Lebewesen?

Wofür kannst du bezahlt werden?
Bekommst du eine Vergütung für das, was du tust? Reicht dir das Geld für deinen Lebensunterhalt? Wofür wäre die Gesellschaft bereit, auch einen finanziellen Ausgleich zu zahlen?

Die ersten vier Überschneidungen

Dort, wo sich mindestens zwei der Kreise überschneiden, entstehen Leidenschaft, Mission, Profession und Berufung. Wenn du dich in deinem Leben in nur einer dieser Überschneidungen wiederfindest, ergeben sich daraus mögliche Schritte, die in der gegenüberliegenden Überschneidung angesiedelt sind.

Wenn du liebst, was du tust, und gut darin bist, hast du eine Leidenschaft, eine **Passion.**

Hier finden wir meist unser Hobby wieder. Du bist gut darin, weil du es auch gerne machst. Meist nach der Arbeit oder am Wochenende. Aber davon leben? Das ist dann meist schwierig. Deine Möglichkeit, die in der gegenüberliegenden Überschneidung liegt, ist hier: Wie kannst du aus der Leidenschaft eine Berufung entwickeln?

Wenn du liebst, was du tust, und die Welt es braucht, hast du eine Aufgabe oder **Mission.**

Schritt für Schritt kommen wir voran – auch bei der Ausbildung zum Permakultur-Designer

Meist landen wir hier, wenn wir zum Beispiel Klimaaktivist sind. Das wird von der Welt gebraucht und auch deine Leidenschaft kann sich dort finden und entfalten. Aber wirst du dafür bezahlt und kannst du davon leben? Deine Möglichkeit ist hier: Werde darin Profi. Vielleicht hast du die Fähigkeit, aus deinem Aktivismus eine neue NGO zu gründen oder eine Stiftung?

Wenn du etwas tust, wofür du bezahlt wirst, und du es gut kannst, hast du einen Beruf oder eine **Profession.**

Hier hatte ich mich damals wiedergefunden. Ich war gut im Vertrieb, da ich auf einer persönlichen Ebene mit Kunden sprechen konnte und schnell deren Bedürfnisse erkannte. Auch wurde ich dafür recht gut bezahlt. Aber ... die Produkte brauchte die Welt zum größten Teil nicht. Und geliebt habe ich die Branche auch nicht. Daher war es mein Beruf und nicht mehr.

Deine Möglichkeit ist hier: Gibt es Teile in deinem Beruf, die die Welt vielleicht braucht, die du gerne machst, die du ausbauen kannst? Kannst du deinen Beruf in deine Mission verwandeln?

Wenn du etwas tust, was die Welt braucht, und wofür du bezahlt wirst, hast du eine **Berufung.**

Die Welt braucht dich und du wirst dafür bezahlt? Hört sich doch gut an. Leider fehlt dir die Leidenschaft dafür und du fühlst dich auch eher unsicher darin? Deine Möglichkeit ist hier: Kannst du vielleicht in einem Bereich deiner Tätigkeit deine Leidenschaft fördern oder durch Fortbildungen mehr Sicherheiten entwickeln?

Die zweiten vier Überschneidungen

In der Abbildung sind sie mit A, B, C und D markiert. Dort überschneiden sich drei Felder, und das bedeutet zugleich, dass hier ein Aspekt von den vier Aspekten vernachlässigt wird.

A: Es fehlt dir Geld.
Die Welt braucht es, Kompetenzen und Leidenschaft sind schon da. Nur an finanzieller Anerkennung mangelt es. Frage dich, wer bereit ist, dafür zu zahlen. Wie kannst du damit deinen Lebensunterhalt finanzieren?

B: Es fehlt der Sinn.
Du liebst es, du bist verdammt gut darin und du wirst dafür sogar noch gut bezahlt? Sehr gut! Aber leider fehlt hier der Nutzen für die Welt. Vielleicht kennst du genau das Gefühl, dass du voll in dem aufgehen kannst, was du machst, dich aber immer wieder fragst: Wer braucht das überhaupt? Vielleicht ist es sinnvoll, diese Tätigkeit in einem anderen Unternehmen auszuüben? Ein Unternehmen, das sich vielleicht der Nachhaltigkeit verschrieben hat oder dessen Produkte ein guter Beitrag für die Welt sind. Hier hatte ich mich wiedergefunden und merkte, das muss ich ändern, und ich tat es auch.

C: Es fehlt die Kompetenz.
Du magst, was du tust, die Welt braucht es und Bezahlung ist auch gegeben. Klingt sehr gut. Doch irgendwie bist du unsicher. Du gehst vielleicht konkreten Fragen im Alltag aus dem Weg oder ziehst dich zurück, wenn es gilt, Verantwortung zu übernehmen. Es fehlt dir an Fachkompetenz. Vielleicht hilft dir eine Fortbildung? Vielleicht ein Wechsel in eine andere Abteilung im Unternehmen? Oder mehr Anerkennung deiner Vorgesetzten, sodass du ein Gefühl der Bestätigung erhältst?

D: Es fehlt Freude.
Du bist gut in dem, was du tust, die Welt hat genau auf dich gewartet und die Wertschätzung in Form von Geld kommt auch zu dir. Aber trotzdem fehlt dir die Freude in dem, was du tust. Tag ein, Tag aus gehst du unglücklich zur Arbeit, kommst nach Hause und fühlst dich leer. Höre auf dein Herz und schaue, was dich ruft!

Spiritualität

Medizinwanderung und Schwellengang

Die Zone Z gilt unserem Innersten, unseren Werten, Gefühlen und unserem geistigen Wohlbefinden. Auch die Spiritualität findet hier einen Platz. Für mich ist die Permakultur auch in der Spiritualität wiederzufinden. Denn wir leben als Teil im großen Ganzen und der Mensch sollte sich nicht separieren und über allem stehen wollen. Permakultur steht für mich für eine ganzheitliche Betrachtung und Leben im Kreislauf der Natur.

Und die Natur kommuniziert auch mit uns. Wenn ihr auf ein Gelände kommt, das ihr permakulturell planen und gestallten wollt, empfiehlt es sich, eine gewisse Zeit in Ruhe und Stille an dem Ort zu verweilen und ihn wirklich zu spüren. Was löst der Ort in euch aus? Welche Gefühle tauchen auf? Oft tritt eine besondere Form der Wahrnehmung auf, ausgelöst durch kleinste Dinge wie ein Vogelgezwitscher.

Weil sie eine besondere Form der Kommunikation zwischen Menschen und der Natur ist, möchte ich euch die Medizinwanderung vorstellen. Manch einer sagt auch »Schwellengang« dazu.

Die Medizinwanderung startet mit dem Sonnenaufgang und endet mit Sonnenuntergang. An diesem Tag wird bei der Wanderung gefastet, nur genug Wasser zum Trinken solltet ihr mitnehmen. Am Morgen wird eine symbolische Schwelle gelegt. Zum Beispiel ein Ast, über den man steigt, oder einfach eine Stufe, die ihr als eure Schwelle, euer Tor in eine besondere Welt seht. Denn mit diesem Schritt, so heißt es, betretet ihr die »Anderswelt«. Es empfiehlt sich, eine Medizinwanderung in der Natur zu machen. Zum Beispiel im Wald oder durch schöne Wiesen und Auen. Aber ich habe auch schon Schwellengänge in der Stadt gemacht. Denn was ihr jetzt macht, ist, euch treiben zu lassen. Vielleicht seid ihr manchmal in Gedanken vertieft, sodass der Weg euch findet und ihr gar kein Ziel vor Augen habt. Auch wenn die Gedanken dann (hoffentlich) irgendwann weg sind und der Kopf frei ist, lasst euch einfach treiben. Irgendwann wird die Natur mit euch kommunizieren, auf vielen Ebenen der Wahrnehmung. Manchmal seht ihr vielleicht ein Tier oder einen besonderen Baum. Manchmal ist es gut, sich hinzulegen und einfach zu spüren und zu fühlen. Vielleicht werdet ihr vom Wetter gefordert und müsst Schutz aufsuchen oder ihr landet irgendwo, wo ihr euch überhaupt nicht auskennt. Das ist alles völlig in Ordnung und hat vielleicht sogar eine Bedeutung. Manchmal kann es auch hilfreich sein, wenn ihr euch eine »Absicht« für die Wanderung setzt. Oder eingangs an der Schwelle mit einer Frage startet.

Wenn der Tag langsam zu Ende geht, ist es Zeit, zur Schwelle zurückzukehren. Manchen kommt der Tag wie eine Ewigkeit vor und wiederum andere berichten von einem besonderen Gefühl, das zu jeder Tageszeit anders war. Das Licht und die Umgebung werden vielleicht auch anders wahrgenommen als sonst. Wenn ihr dann an der Schwelle zurück seid, empfiehlt es sich, euch auch hier mit einer kleinen Geste zu bedanken und bewusst den Schritt zurück in die »normale« Welt zu machen. Natürlich könnt ihr das Erlebte in euch weiterfühlen und bearbeiten. Nicht zu sehr mit dem Kopf, denn vielleicht ist es für den Geist kaum zu »begreifen«. Es kann auch sinnvoll sein, das Erlebte in einer Gruppe zu teilen, um eventuell Dinge zu erkennen, auf die ihr allein nicht gekommen wäret. Beim Erzählen kann auch noch mal eine weitere Bedeutung des Erlebten auftauchen.

Eine Medizinwanderung passt in viele Bereiche des Lebens. Wenn ein Übergang ansteht oder eine vordringliche Frage in eurem Leben aufgetaucht ist.

Visionssuche

Die Visionssuche ist ein sehr altes Ritual. Meist haben wir schon einmal davon gehört, zum Beispiel bei indigenen Völkern. Aber auch in unseren Breitengraden ist die Visionssuche ein altes Ritual, welches leider deutlich in Vergessenheit geraten ist und teils auch bewusst aus unserem Leben verdrängt wurde.

Wir als Verein »Der Kreis e. V.« bieten alle zwei Jahre eine Visionssuche für Jugendliche an. Wobei der Schwerpunkt hier auf der Initiation, also dem Übergang vom Jugendlichen zum Erwachsenen, liegt. Eine Gruppe von Mentoren bereitet die jungen Menschen mit einer Vorbereitungszeit auf einen Aufenthalt von vier Tagen und drei Nächten allein in der Natur vor, begleitet sie und bereitet es im Anschluss mit den Jugendlichen nach. Gerade in einem Alter von 17 bis 26 Jahren stehen junge Menschen vor vielen Fragen und sind mit vielen Gefühlen konfrontiert. Wer bin ich eigentlich und was will ich in meinem Leben? Unsere Gesellschaft wird immer schnelllebiger. Wir zwingen Kinder in Schulsysteme, die auf Effizienz durchgetaktet sind. Zusätzlich zur Schule dann noch in Vereine, Kurse und Sport. Viele Jugendliche, die zur Visionssuche kommen, berichten von vollen Terminkalendern und kaum Zeit, sich einmal mit sich selbst zu befassen. Dafür bietet die Visionssuche einen guten Boden. Wann schaffen wir es denn mal im Alltag, uns vier Tage am Stück mit uns selbst auseinanderzusetzen?

Aber nicht nur für den Übergang ins Erwachsenwerden ist die Visionssuche ein passendes Werkzeug. Meine erste Visionssuche kam viel später in mein Leben. Mit 34 Jahren war ich zum ersten Mal allein auf einem Berg in Spanien, um für eine Vision zu »beten«. Für mich war es einer der am meisten einschneidenden und be-

Zeit für dich selbst – mehrere Tage am Stück: eine Visionssuche in der Natur bietet dafür Raum. Wenn ein Übergang ansteht von etwas, das du nicht mehr brauchst, hin zu etwas Neuem. Wenn eine vordringliche Frage aufgetaucht ist in deinem Leben.

deutungsvollsten Momente meines Lebens. Nach vier Tagen wusste ich, was ich will und wie ich dahin komme. Auch die Permakultur fand mich in diesem Zuge und ich wusste, dass ich etwas »mit der Natur« machen muss.

Was hat das nun mit Permakultur zu tun? Ganz einfach, für ein stabiles System ist die Zone Z, also unser Innerstes, sehr wichtig. Wir können noch so erfolgreich im Job, im Garten, in der Familie, im Verein und in der Gesellschaft sein, aber wenn die Basis, unser Selbst, auf einem wackeligen und unsicheren Fundament steht, kann das Kartenhaus schnell zusammenbrechen.

Für meine Basis, mein Fundament war die Visionssuche essenziell. Es gibt mir im Alltag Vertrauen. Vertrauen in meine Entscheidungen und eine Verbundenheit mit allem Leben. Und auf dessen Basis plane und gestalte ich mein Leben.

Am guten Ort in der Natur oder im Schutzraum eines Rituals –
wir alle brauchen regelmäßig bewusste Zeit für uns selbst

Rituale im Alltag

Rituale und Zeremonien sind seit jeher fester Bestandteil des menschlichen Lebens. In vielen Kulturen und Traditionen werden sie praktiziert, um Veränderungen im Leben zu markieren oder um eine Verbindung zu spirituellen Kräften herzustellen. Auch im modernen Alltag finden Rituale und Zeremonien ihren Platz und werden als Möglichkeit genutzt, um einen bewussten und achtsamen Umgang mit sich selbst und anderen zu fördern.

Räuchern

Das Räuchern mit einheimischen Pflanzen ist eine uralte Tradition, die Menschen fast überall auf der Welt praktizieren. In vielen Kulturen wurden (und werden) Pflanzen und Kräuter als heilig betrachtet und für Rituale verwendet, um den Kontakt zu höheren Kräften oder spirituellen Wesen herzustellen, um die eigenen Energien zu klären oder um eine heilige Atmosphäre zu schaffen. Die Verwendung von einheimischen Pflanzen zum Räuchern kann eine besondere Verbindung zur eigenen

Salbei-Räucherbündel

Ein Salbei-Räucherbündel, manchmal auch »Salbei Smudge Stick« genannt, ist ein Räucherwerk, das aus getrockneten Salbeiblättern besteht. In vielen Kulturen und Traditionen wird das Verbrennen von Salbei als heiliges Ritual betrachtet, um negative Energien zu vertreiben, positive Schwingungen zu fördern und eine Verbindung zu höheren Kräften oder spirituellen Wesen herzustellen.

Ein Salbei-Räucherbündel könnt ihr auch mit eurem eigenen Salbei ganz leicht herstellen. Was ihr dafür braucht, ist Folgendes: getrocknete Salbeiblätter, Baumwollfaden oder Naturbast und eine Schere.

Anleitung

- *Wähle eine ausreichende Menge an Salbeiblättern aus, um ein festes Bündel zu formen. Die Anzahl der Blätter richtet sich nach der Größe des Bündels, 15 bis 20 Blätter sind eine gute Ausgangsbasis.*
- *Ordne die Salbeiblätter so an, dass sie eine längliche und dichte Form bilden. Stelle sicher, dass die Enden der Blätter alle in dieselbe Richtung zeigen. Umwickle die Blätter an einem Ende mit dem Faden. Beginne an der Basis und wickle dann nach oben. Mache mehrere Knoten, damit das Bündel beim Räuchern nicht auseinanderfällt.*
- *Lass das Bündel an einem trockenen und luftigen Ort liegen, damit es vollständig trocknen kann. Das kann ein paar Tage dauern. Sobald es trocken ist, kannst du es anzünden und den Rauch zum Räuchern verwenden.*
- *Hinweis: Bitte achte darauf, das Bündel in einem geeigneten Räucherbehälter oder auf einer feuerfesten Unterlage anzuzünden, und lösche die Glut nach Gebrauch sorgfältig. Verwende es nur in einem gut belüfteten Raum und gehe nicht in Kontakt mit Kleidung oder Möbeln, um Brandgefahr zu vermeiden.*

Umgebung und Natur, auch zur Natur des eigenen Wesens, schaffen und helfen, das Wissen und die Weisheit unserer Vorfahren zu bewahren. Verschiedene Pflanzen haben hier eine besondere Bedeutung und können individuell eingesetzt werden, um bestimmte Wirkungen zu erzielen. Weit verbreitet ist das Räuchern mit Salbei. Weitere Pflanzen, mit denen ihr räuchern könnt, sind zum Beispiel Zitronenmelisse, Lavendel, Rosmarin oder Frauenmantel. Eine gute Lektüre zum Thema ist das Buch »Heilsames Räuchern mit Wildpflanzen« von Adolfine Nitschke.

Gesundheit und Wohlbefinden

Im Fokus dieses Kapitels steht die Förderung von Gesundheit und Wohlbefinden – ein zentrales Anliegen der Permakultur, das sowohl die Menschen als auch die Umwelt umfasst. Unser Körper verdient Respekt und Fürsorge.

Wie können wir aktiv dazu beitragen, unsere Gesundheit zu fördern und gleichzeitig im Einklang mit den Prinzipien der Permakultur zu leben? Diese Fragen werden uns leiten, wenn wir die vielfältigen Möglichkeiten der lebenswichtigen Zone »Gesundheit und Wohlbefinden« erforschen. Eine kleine Auswahl stelle ich in diesem Kapitel vor.

Um das Wohlbefinden und die Gesundheit zu fördern, gibt es verschiedene Ansätze. Individuell angepasst und regelmäßig integriert, können sie das Wohlbefinden steigern, Stress reduzieren und die körperliche sowie geistige Gesundheit verbessern.

Regelmäßige körperliche Aktivität, wie Yoga, Tanzen oder Radfahren, trägt dazu bei, den Körper fit zu halten und den Geist zu beruhigen. Eine ausgewogene Ernährung reduziert das Risiko von Krankheiten. Die Bedeutung sozialer Interaktionen für das Wohlbefinden wird betont ebenso wie ausreichender Schlaf und kreative Betätigungen wie Malen oder Musizieren. Zeit in der Natur zu verbringen, sei es beim Wandern oder Gärtnern, trägt ebenfalls zum inneren Gleichgewicht bei.

In Gemeinschaft leben

Das Leben in einer Gemeinschaft bringt nicht nur deutliche Vorteile für das soziale Miteinander und fördert den Zusammenhalt zwischen Menschen, sondern es kann sich auch in vielfältiger Weise positiv auf die körperliche und seelische Gesundheit auswirken. Durch den gegenseitigen Austausch und Unterstützung in einer Gemeinschaft verbessern sich das Wohlbefinden und die Lebensqualität, was wiederum zu einer Verringerung von Stress führen und das Immunsystem stärken kann. Zusätzlich können Gemeinschaften auch speziell Wert auf gesunde Ernährung und körperliche Aktivität legen, indem sie gemeinsame Mahlzeiten und sportliche Aktivitäten anbieten. Gemeinschaftsgärten und landwirtschaftliche Projekte können einen positiven Einfluss auf die Ernährung und den Zugang zu frischen, gesunden Lebensmitteln haben.

Bild links: Ein gesunder Weg ist immer auch ein lebendiger Weg

Natürlich gibt es auch Herausforderungen beim Zusammenleben in Gemeinschaften, wie zum Beispiel die Auseinandersetzung mit unterschiedlichen Persönlichkeiten und Meinungen. Aber durch offene Kommunikation und den respektvollen Umgang miteinander können diese Herausforderungen gemeistert werden.

In Anbetracht der aktuellen Gesundheitssituation, in der viele Menschen unter Einsamkeit und sozialer Isolation leiden, kann das Leben in Gemeinschaft eine attraktive Option sein, um diese Probleme anzugehen und ein unterstützendes soziales Netzwerk aufzubauen – vom Beginn des Lebens an bis zum Ende

Hausgeburt und Wochenbett

Die Hausgeburt ist eine alternative Geburtsmethode, bei der die Geburt eines Kindes zu Hause stattfindet, in der Regel mit Hilfe einer Hebamme. In den letzten Jahren ist die Nachfrage nach Hausgeburten gestiegen, da immer mehr werdende Mütter eine natürliche Geburt ohne medizinische Intervention wünschen.

Hebammen unterstützen Frauen in der Schwangerschaft, während der Geburt und in der postnatalen Phase. Sie sorgen dafür, dass die werdende Mutter und das Baby gut versorgt sind, und sie bieten eine emotionale und physische Unterstützung während der Geburt. Die Wertschätzung von Hebammen sollte nicht nur in Worten, sondern auch in Taten ausgedrückt werden. Dazu gehören eine angemessene Bezahlung und Unterstützung durch den Staat und die Gesellschaft.

Nach der Geburt eines Kindes ist es wichtig, dass die junge Familie eine Gemeinschaft um sich hat, die sie unterstützt. Diese Gemeinschaft kann aus Freunden, Familie, Nachbarn oder auch professionellen Unterstützern wie Hebammen bestehen.

Freunde und Familie können Mahlzeiten vorbereiten, bei der Hausarbeit helfen oder einfach nur Zeit mit der Familie verbringen, um ihr eine Pause zu geben.

Eine Gemeinschaft kann auch dazu beitragen, dass sich die Familie nicht isoliert fühlt. Durch den Austausch mit anderen können die Eltern von deren Erfahrungen profitieren und das Gefühl haben, Teil einer größeren Gemeinschaft zu sein.

In Würde sterben

In Würde zu sterben, bedeutet, dass ein Mensch in einer Weise sterben kann, die seinen Wünschen und Bedürfnissen entspricht. Dies beinhaltet eine Palliativversorgung sowie eine Unterstützung in emotionalen, spirituellen und sozialen Fragen. Dabei kann eine Gemeinschaft einen bedeutenden Beitrag leisten, indem sie den Sterbenden in dieser schwierigen Phase begleitet.

Gemeinschaften haben in vielen Kulturen eine lange Tradition der Begleitung und Unterstützung von Sterbenden und ihren Familien. In unserer heutigen Gesellschaft, in der Individualismus und Isolation oft vorherrschen, wird diese Art der Unterstützung und Gemeinschaft jedoch oft vernachlässigt.

Viele Menschen möchten bis zum Ende ihres Lebens aktiver Teil ihrer Gemeinschaft sein und ihre Fähigkeiten und Erfahrungen weitergeben. Eine Gemeinschaft kann das ermöglichen und dazu beitragen, dass der Sterbeprozess als natürlicher Teil des Lebens anerkannt wird und Menschen in Würde und mit Unterstützung ihre letzte Lebensphase verbringen können.

Meditation

Meditation ist eine wirkungsvolle Methode, um im Alltag Stress zu reduzieren und mehr innere Ruhe und Ausgeglichenheit zu finden. Die Praxis der Meditation erfordert keine besondere Ausrüstung oder Vorkenntnisse und kann überall und jederzeit durchgeführt werden.

Eine häufige Ursache für Stress ist das Gefühl der Überforderung und des Zeitmangels. Meditation kann dazu beitragen, dieses Gefühl zu reduzieren und das Bewusstsein für den gegenwärtigen Moment zu schärfen. Indem wir uns auf unseren Atem oder einen bestimmten Gedanken konzentrieren, können wir unseren Geist beruhigen und uns von ablenkenden Gedanken und Emotionen lösen. Regelmäßige Meditation kann auch dazu beitragen, unsere Bewusstheit und Empathie zu stärken. Das kann uns helfen, schwierige Situationen mit mehr Gelassenheit zu bewältigen.

Es kann hilfreich sein, regelmäßig Zeit für die Meditation zu reservieren. Selbst nur fünf Minuten am Tag können einen spürbaren Unterschied machen. Es kann auch hilfreich sein, sich an eine bestimmte Umgebung oder einen bestimmten Ort zu gewöhnen, um einen ruhigen und friedlichen Raum zu schaffen, in dem man sich auf die Meditation konzentrieren kann.

Es gibt verschiedene Formen der Meditation, von Achtsamkeitsmeditation bis hin zu Mantra-Meditation, und somit eine Vielzahl von Möglichkeiten, um eine Praxis zu finden, die zu einem passt. Vielleicht habt ihr die Möglichkeit, euch einen schönen Sitzplatz auf dem Balkon oder im Garten einzurichten, den ihr zur Meditation aufsuchen könnt. Auch ein Platz im Wald am Stadtrand kann dafür gut geeignet sein.

Lebensmittel haltbar machen

Um Lebensmittel für eine längere Zeit aufzubewahren und genießen zu können, müssen sie haltbar gemacht werden. Die Haltbarmachung kann helfen, die Verfügbarkeit von Nahrungsmitteln zu erhöhen und auszuweiten, insbesondere in Gebieten mit begrenzter Produktion oder begrenzten Transportmöglichkeiten. Zum anderen kann sie dazu beitragen, Lebensmittelabfälle zu reduzieren, indem verderbliche Lebensmittel vor dem baldigen Verderb gerettet werden. Darüber hinaus kann die Haltbarmachung von Lebensmitteln dazu beitragen, eine ausgewogene Ernährung zu garantieren, indem saisonale oder regionale Lebensmittel für einen längeren Zeitraum genossen werden können. Meist ist eine bestimmte Art von Gemüse oder Obst zu einer bestimmten Zeit im Jahr mit einer »Schwemme« verfügbar. Zum Beispiel Gurken, Tomaten oder Zucchini. Und diese Schwemme gilt es dann, zu verarbeiten, indem man sie haltbar macht.

Es gibt verschiedene Methoden, um Lebensmittel haltbar zu machen: mit Hitze (Beispiel: Marmelade kochen), durch Kühlen oder Einfrieren, durch Trocknen (Beispiel: Früchte trocknen), durch Fermentation (Beispiele: fermentiertes Gemüse wie Sauerkraut oder Kimchi, Käse oder Joghurt). Auch eine gute Verpackung, die zum Beispiel vor Licht und Sauerstoff schützt, kann dazu beitragen, dass Lebensmittel länger genießbar sind.

Einkochen

Einkochen ist eine Methode der Haltbarmachung von Lebensmitteln durch Erhitzen und anschließende Aufbewahrung in luftdichten Behältern. Dieser Prozess verlangsamt den Verderb, indem er anfänglich Bakterien, Hefen und Schimmelpilze abtötet und Sauerstoff ausschließt. Typischerweise werden Obst und Gemüse zu Marmelade, Kompott oder Chutney eingekocht, um ihren Geschmack über einen längeren Zeitraum zu bewahren und saisonale Produkte das ganze Jahr über genießen zu können.

Marmelade

Marmelade kennen wohl die meisten, wenn nicht sogar jeder von euch. Auch in der Stadt kann man immer wieder Zutaten dafür finden. Wir haben zum Beispiel sehr viele Felsenbirnen gefunden. Diese kleinen Bäume wachsen häufig im öffentlichen Raum. Natürlich sollte ihr die Beeren nicht radikal abernten, wenn sie reif sind, und wie bei allen Pflanzen auch immer genug für Vögel und andere Tiere übrig lassen.

Die Knoblauchernte trocknet am besten luftig aufgehängt und zum Zopf gewunden – die Tomaten sind für den Winter besser eingekocht in Gläsern geschützt

Wenn ihr dann genug gesammelt habt, könnt ihr euren Marmeladen-Fantasien freien Lauf lassen.

Auf 1 kg frische Früchte (zum Beispiel Felsenbirnen, Brombeeren, Himbeeren, Heidelbeeren, Erdbeeren, Aprikosen, Pfirsiche) rechnet man 500 g Gelierzucker (2:1), dazu 1–2 EL frisch gepressten Zitronensaft.

Chutney

Ein Chutney ist eine würzige Sauce, die aus Obst, Gemüse, Gewürzen, Zucker und Essig hergestellt wird. Chutneys können aus einer Vielzahl von Zutaten hergestellt werden und süß-sauer oder scharf sein. Bekannt ist Mango-Chutney aus frischen oder getrockneten Mangos. Zwar werdet ihr keine eigenen Mangos in eurem Garten anpflanzen können, aber vielleicht habt ihr das Glück, eine gewisse Menge zum Beispiel über Foodsharing zu erhalten (siehe Seite 85). Ein Tomaten-Chutney kann aus grünen oder reifen Tomaten hergestellt werden.

Chutney aus grünen Tomaten

Hier ist unser Rezept für Chutney aus grünen Tomaten. Der Hintergrund für dieses Chutney ist der: Am Ende der Tomatensaison wird das Folienhaus unserer solidarischen Landwirtschaft geräumt und freigemacht für Folgekulturen. Unser Bauer fragt dann, ob jemand grüne Tomaten zum Nachreifen haben möchte. Denn oft ist eine große Menge noch grüner Tomaten verfügbar. Und daraus lässt sich nun ein sehr leckeres Chutney zaubern.

Zutaten

1 EL Öl
1 Zwiebel, gehackt
2 Knoblauchzehen, gehackt
1 Stück frischer Ingwer, etwa 2 cm, gehackt
optional 1 rote Chilischote, gehackt
1 kg grüne Tomaten, grob gehackt
200 g Vollrohrzucker
250 ml Apfelessig
3 EL Rosinen
1 TL Senfsamen
1 TL Kreuzkümmelsamen
1 TL Koriandersamen
1 TL Salz

Zubereitung

- In einem großen Topf das Öl erhitzen und Zwiebel, Knoblauch, Ingwer und gegebenenfalls Chili darin anbraten, bis sie weich sind.
- Die Tomaten und alle übrigen Zutaten dazugeben und gut umrühren. Die Mischung zum Kochen bringen und bei mittlerer Hitze köcheln lassen, bis die Tomaten weich sind und die Flüssigkeit eingedickt ist. Das kann je nach Größe der Tomatenstücke und Hitze 30–45 Minuten dauern. Gelegentlich umrühren, damit nichts anbrennt.
- Das Chutney heiß in saubere Gläser füllen und sofort verschließen. Es kann nach dem Öffnen im Kühlschrank mehrere Wochen aufbewahrt werden und passt hervorragend zu Käse, Brot oder als Dip für Nachos.

Spannend, was ihr ganz einfach aus grünen Tomaten und Löwenzahnblütenknospen zaubern könnt!

Kapern für die Pizza? Ja – und regional!

Wir in unserer Familie essen auch gerne mal eine Pizza. Am liebsten selbst gemacht mit Zutaten aus dem Garten. Auch Kapern mögen wir auf der Pizza sehr gerne. Vor ein paar Jahren haben wir von »falschen Kapern« gehört und das sofort ausprobiert.

Falsche Kapern werden aus Löwenzahnknospen gemacht. Einmal im Jahr – zur Löwenzahnblüte – besuchen wir eine große Wiese am Stadtrand, die weder eine »Hundewiese« noch eine landwirtschaftliche (gedüngte) Fläche ist. Geeignet sind auch Wiesen mit Streuobstbestand oder Ähnliche. Dort sammeln wir die geschlossenen Löwenzahnknospen. Auch hier bitte nur so viel nehmen, dass sich die Pflanzen weiter vermehren können und Insekten genug Nahrung finden.

Sind dann genug Knospen gesammelt, geht ihr vor wie folgt: Die gewaschenen und gut (zum Beispiel auf Stofftaschentuch) abgetropften Knospen mit Salz bestreuen und in saubere kleine Gläser mit Schraubverschluss geben. Eine aufgekochte Mischung aus Wasser und Essig (im Verhältnis 3:1) dazugießen, die Gläser damit auffüllen und verschließen. Nach ein bis zwei Wochen können die Knospen wie Kapern verwendet werden. Sie eignen sich für Salate, Saucen oder auf Pizza – aber beachtet, dass sie etwas anders schmecken als echte Kapern. Wir finden sie sehr lecker!

Fermentation

Fermentation ist ein Prozess, bei dem Mikroorganismen natürliche Zutaten wie Obst, Gemüse, Milch oder Getreide in nahrhafte und länger haltbare Produkte verwandeln. Die Fermentation ist eine der ältesten Methoden zur Haltbarmachung

Kimchi

Kimchi kommt aus Korea, dabei handelt es sich fermentiertes Gemüse. Für mich ist Kimchi ein gutes Beispiel dafür, wie ihr eine saisonale Gemüseschwemme bewältigen könnt. Kimchi kann aus unterschiedlichen Gemüsearten hergestellt werden. Ihr kennt vielleicht die Variante mit Chinakohl. Mein Kimchi stelle ich im Winter her und fast alle Zutaten können frisch geerntet oder aus Lagerbeständen verwendet werden. Sogar der Ingwer stammt aus eigenem Anbau.

Hier gibt es nun ein einfaches Kimchi-Rezept von mir. Dies ist nur eine von unzähligen Varianten, wie man Kimchi zubereiten kann.

Zutaten

1 mittelgroßer Chinakohl
Meersalz

Für die Würzmischung

2 EL frischer Ingwer, gerieben
4 Knoblauchzehen, fein gehackt
1–5 EL koreanische Chiliflocken (Gochugaru)
  oder Chilipulver aus Chilis aus dem eigenen Garten, je nach eurem Geschmack
1 mittelgroße Karotte, in dünne Streifen geschnitten oder grob geraspelt
1 Bund Frühlingszwiebeln, in 1 cm lange Stücke geschnitten
optional 1 Rettich, in dünne Streifen geschnitten oder grob geraspelt

Zubereitung

- *Den Chinakohl in etwa 5 cm große Stücke schneiden. In einer großen Schüssel großzügig mit Meersalz bestreuen und sanft kneten, um das Salz zu verteilen. Etwa zwei Stunden ruhen lassen, dabei gelegentlich wenden.*
- *Die Zutaten für die Würzmischung separat mischen.*
- *Den abgetropften Chinakohl mit der Würzmischung vermengen. Dabei am besten Küchenhandschuhe tragen als Schutz vor der Schärfe der Chilis.*
- *Die Kimchi-Mischung fest in ein sauberes Glas packen und nach unten drücken, sodass die Flüssigkeit den Kohl bedeckt. Das Glas locker schließen und die Mischung bei Raumtemperatur ein bis zwei Tage fermentieren lassen. Täglich nachschauen und mit einem sauberen Löffel nach unten drücken. Danach – nachdem es angefangen hat, zu fermentieren – kann es im Kühlschrank aufbewahrt werden. Dort wird es weiterfermentieren, nur langsamer.*
- *Das Kimchi kann ab jetzt gegessen werden. Es ist fertig zum Genuss!*

Gesundheit und Wohlbefinden

Daraus wird unser Kimchi gemacht:
Chinakohl, Frühlingszwiebeln, Karotten, Rettich, Zwiebel, Knoblauch, Ingwer – und Chili!

von Lebensmitteln und spielt auch heute eine wichtige Rolle in der Ernährung vieler Menschen weltweit.

Bei der Fermentation wandeln Mikroorganismen, wie Bakterien oder Hefen, Zucker oder Stärke in Säuren und Gase um, wodurch auch die Textur und der charakteristische Geschmack des fermentierten Lebensmittels entstehen.

Bekannte Beispiele sind Joghurt und Käse, die aus Milch hergestellt werden. Auch viele andere Lebensmittel entstehen durch Fermentation, zum Beispiel Kimchi und Sauerkraut aus Gemüse, Kombucha aus Tee, Brot oder Bier aus Getreide. Viele fermentierte Lebensmittel sind nicht nur nahrhaft und länger haltbar, sondern bieten auch gesundheitliche Vorteile. Durch die Fermentation werden Nährstoffe sowie manche Vitamine und Mineralstoffe besser verfügbar und können vom Körper besser aufgenommen werden. Die lebenden Mikroorganismen, die in bestimmten fermentierten Lebensmitteln vorhanden sind, können das Immunsystem stärken.

Die Fermentation kann auf verschiedene Arten durchgeführt werden, zum Beispiel durch natürlich vorhandene Mikroorganismen oder durch die Zugabe von Starterkulturen. Bei der natürlichen Fermentation wird das Gemüse oder Obst in ein Salzbad oder eine Zuckerlösung eingelegt und durch die Mikroorganismen, die auf der Oberfläche der Zutaten natürlicherweise vorhanden sind, fermentiert. Starterkulturen hingegen enthalten bestimmte Mikroorganismen und werden gezielt hinzugefügt, um eine bestimmte Fermentation zu gewährleisten.

Es ist zum Teil einfach, fermentierte Lebensmittel zu Hause selbst herzustellen, und sie können eine köstliche und nahrhafte Ergänzung jeder Mahlzeit sein.

Grundrezept für mein Sauerteigbrot

Zutaten

200 g aktiver Sauerteig
300 ml lauwarmes Wasser
500 g Mehl, am besten Weizenmehl oder Roggenmehl, Vollkorn, selbst gemahlen
10 g Salz

Anleitung

- Den aktiven Sauerteig in einer Schüssel mit dem lauwarmen Wasser vermischen. Ein Tipp: Wenn ihr diesen Sauerteig selbst angesetzt hattet, habt ihr vielleicht mehr als die benötigte Menge. Mischt den Rest mit frischem Mehl und Wasser und lasst ihn dann bei Raumtemperatur stehen, um ihn am Leben zu erhalten und für das nächste Brotbacken zu verwenden.
- Das Mehl und Salz zum Sauerteig geben und alles gut vermengen. Den Teig auf einer bemehlten Arbeitsfläche kneten, bis er glatt und elastisch ist. Zurück in die Schüssel legen und abgedeckt an einem warmen Ort zwei bis drei Stunden gehen lassen.
- Nachdem der Teig aufgegangen ist, auf einer bemehlten Arbeitsfläche erneut kneten und zu einem runden Brot formen. Das Brot auf ein Backblech oder in einen Gärkorb legen und erneut abgedeckt ein bis zwei Stunden gehen lassen. Alternativ geht auch eine leicht gefettete Kastenbackform.
- Das Brot im vorgeheizten Backofen bei 220 °C Ober- und Unterhitze 30 bis 40 Minuten backen, bis es eine braune Kruste hat. Die besten Ergebnisse erziele ich, wenn ich den Backofen auf 250 °C vorheize, das Brot 15 Minuten bei dieser Temperatur backe und erst dann die Temperatur auf 220 °C reduziere.
- Das Brot aus dem Ofen nehmen und auf einem Gitter abkühlen lassen, bevor ihr es anschneidet.

Gesundheit und Wohlbefinden

Schon mal selbst ein Brot gebacken?

Sauerteig ist ein Teig, der durch Fermentation von Mehl und Wasser mithilfe von Milchsäurebakterien und Hefen entsteht. Diese Mikroorganismen kommen natürlicherweise in der Luft und auf Getreidekörnern vor und sind dafür verantwortlich, dass der Sauerteig eine charakteristische saure Note und eine lockere Textur erhält.

Um einen Sauerteig herzustellen, mischt ihr Mehl und Wasser zu einem Teig und lasst ihn bei Raumtemperatur stehen, um die natürlichen Mikroorganismen in der Umgebung und auf dem Mehl zu aktivieren. In den folgenden Tagen füttert ihr den Sauerteig mit frischem Mehl und Wasser. Dadurch können sich die Milchsäurebakterien und Hefen vermehren, was dazu führt, dass der Teig aufgeht und ein saures Aroma entwickelt.

Wenn ihr daran interessiert seid, Sauerteigbrot herzustellen, gibt es zahlreiche Anleitungen und Rezepte, mit denen ihr beginnen könnt. Auf der nebenstehenden Seite stelle ich euch mein Rezept für ein Sauerteigbrot vor. In unserer Familie können wir uns glücklich schätzen, weil wir frisches Getreide zum Selbstmahlen von unserer solidarischen Landwirtschaft beziehen.

Wildkräuter in der Küche

Wildkräuter sind eine wahre Schatzkammer für die Küche. Sie wachsen wild in Wiesen, Wäldern, auf Feldern und am Wegesrand und sind reich an Nährstoffen, Vitaminen und Mineralien. Im Vergleich zu gezüchteten Kräutern haben viele Wildkräuter höhere Gehalte an Vitamin C, Eisen und Calcium.

Ihr könnt die Blätter, Blüten und Wurzeln auf vielfältige Weise in der Küche verwenden, roh oder gekocht in Salaten, Suppen, Saucen und anderen Gerichten. Wildkräuter sind auch eine nachhaltige Möglichkeit, um den Speiseplan zu bereichern.

Einige der bekanntesten Wildkräuter sind Brennnessel, Giersch, Löwenzahn, Sauerampfer, Bärlauch und Vogelmiere. Brennnessel enthält beispielsweise viel Eisen, Calcium und Vitamin C und kann in Smoothies oder als Beilage zu Gemüsegerichten verwendet werden. Auch Giersch kann wie Spinat gegart werden. Löwenzahn-Blätter eignen sich gut für Salate und können auch für einen Tee aufgegossen werden. Sauerampfer hat einen sauren Geschmack und ist eine gute Zutat für manche Suppen und Saucen. Bärlauch eignet sich hervorragend für Pesto, Suppen und Saucen. Vogelmiere ist eine zarte Pflanze, die gut in Salaten verwendet werden kann.

Willkommen im Frühling – junge Pimpinelle und junge Brennnessel

Wenn ihr Wildkräuter sammeln und verwenden möchtet, solltet ihr darauf achten, dass ihr sie nur an unbelasteten Orten sammelt und keine geschützten Arten erntet. Dafür eignet sich zum einen der eigene Garten, unser Waldgarten in Zone 4 bis 5 (siehe Seite 72) oder die klassische Streuobstwiese. Für uns sind Wildkräuter gar nicht mehr wegzudenken aus der Küche.

Zum Beispiel – Wildkräuterbutter

Ganz einfach lässt sich zum Beispiel eine Wildkräuterbutter selbst herstellen – die meisten von euch kennen bestimmt Kräuterbutter. Solch eine Butter lässt sich auch mit Wildkräutern zubereiten. Dafür braucht ihr lediglich Folgendes: 250 g weiche Butter, 2–3 Handvoll gemischte Wildkräuter (wie Bärlauch, Giersch, Löwenzahn-Blätter, Vogelmiere), nach Geschmack fein gehackten Knoblauch, Pfeffer und Salz.

Die Wildkräuter waschen, trocken tupfen und fein hacken. Dann mit den übrigen Zutaten mischen. Nach Geschmack mithilfe von Backpapier eine Rolle daraus formen oder in eine Glasschüssel geben. Vor dem Verwenden mindestens eine Stunde im Kühlschrank kalt stellen. Ihr könnt sie auch einfrieren. Sie hält sich im gefrorenen Zustand bis zu drei Monate.

Zum Beispiel – Grüne Soße

Unser Highlight ist eine »Grüne Soße« aus Wildkräutern. Im Jahresverlauf können wir dafür stets andere Kräuter verwenden, sodass die Sauce immer anders schmeckt. Die erste Grüne Soße im Jahr kommt um die Zeit vor Ostern. Die Wildkräuter fangen an zu sprießen und geben uns die Frühlingskraft auf den Teller. In unsere Grüne Soße kommen dann meist folgende Wildkräuter hinein: Sauerampfer, Pimpinelle, Giersch, Schnittlauch, Labkraut, Löwenzahn, Gänseblümchen, Spitzwegerich, Taubnessel, Brennnessel, Kresse, Vogelmiere und Bärlauch.

Bild folgende Doppelseite: Pflanzenfarben! Und das Ergebis ist immer wieder ein neues Wunder.

Gesundheit und Wohlbefinden

Resteverwertung

Für mich ist Permakultur auch immer dann spürbar, wenn ich etwas in der Hand habe, es gerade wegwerfen will, dann aber darüber nachdenke, was ich daraus noch machen könnte. Wie kann ich diese Ressource anders einsetzen oder verwenden? »Produziere keinen Abfall« steht als Prinzip dahinter.

Ein wunderbares Beispiel hierfür ist die Gemüse-Würzpaste aus Gemüseresten.

Gemüse-Würzpaste aus Gemüseresten

Gemüsereste können nicht nur für Gemüsebrühe, sondern auch für eine vielseitige und haltbare Gemüse-Würzpaste verwendet werden. Mit dieser Paste aus Resten könnt ihr eure Gerichte zauberhaft würzen.

- *Sammelt Gemüsereste – roh oder gegart – wie Schalen, Blätter, Strünke und Reste von Zwiebeln, Möhren, Sellerie, Tomaten, Lauch, Kohlrabi, Paprika und anderen Gemüsesorten. Auch Kräuter wie Petersilie oder Schnittlauch eignen sich perfekt. Alles in kleine Stücke schneiden, in euren Mixer oder eure Küchenmaschine geben, dazu eine großzügige Prise Salz.*
- *Eine gleichmäßige Paste herstellen. Je nach gewünschter Konsistenz könnt ihr auch etwas Wasser hinzufügen, um die Paste zu verdünnen. Schmeckt die Paste ab und fügt bei Bedarf mehr Salz oder andere Gewürze hinzu, um den Geschmack nach euren Vorlieben anzupassen.*
- *Abgefüllt in einen luftdichten Behälter oder in ein Glas, könnt ihr sie mehrere Wochen im Kühlschrank aufbewahren. Sie lässt sich auch portionsweise einfrieren. Oder im Ofen oder Dörrapparat trocknen und dann als Pulver verwenden, wobei hier der benötigte Energiebedarf zu beachten ist.*

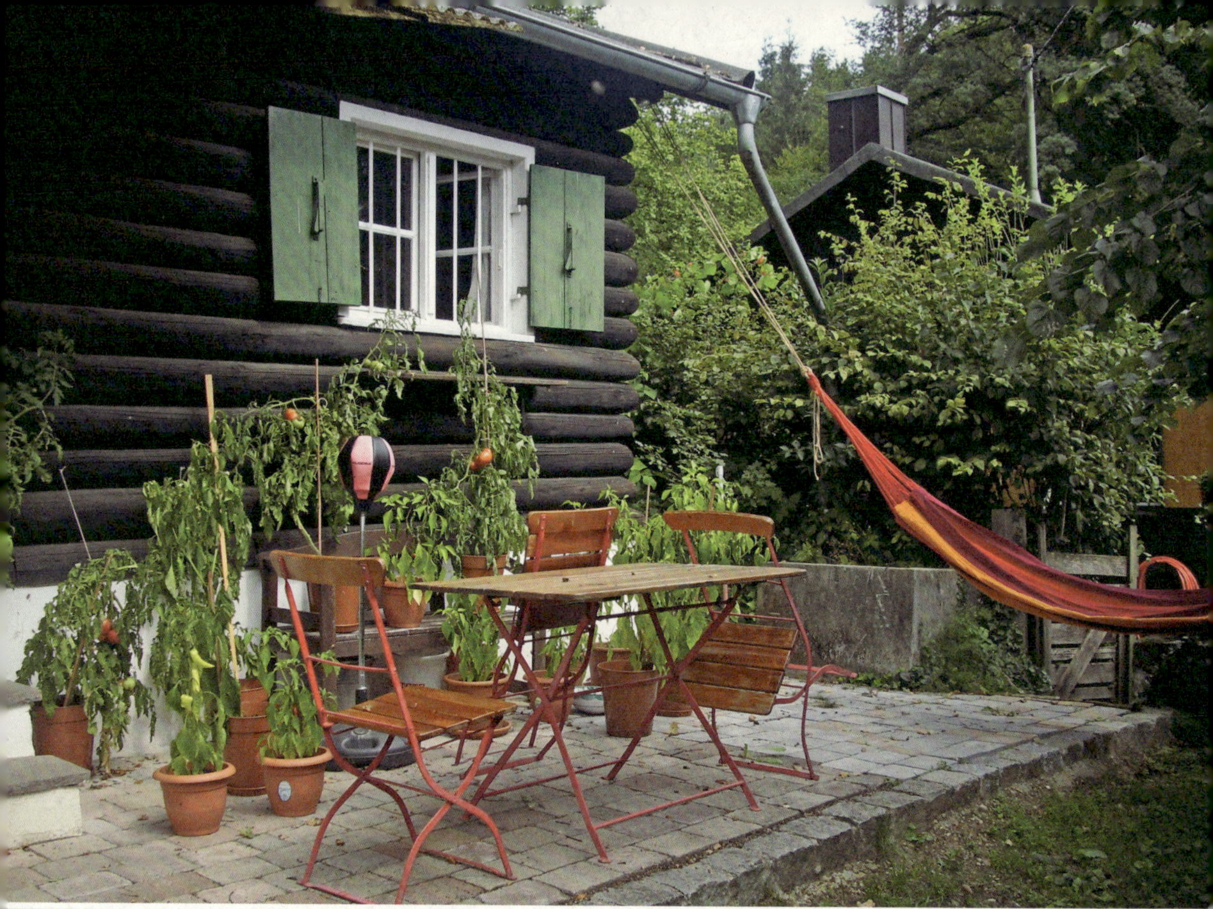

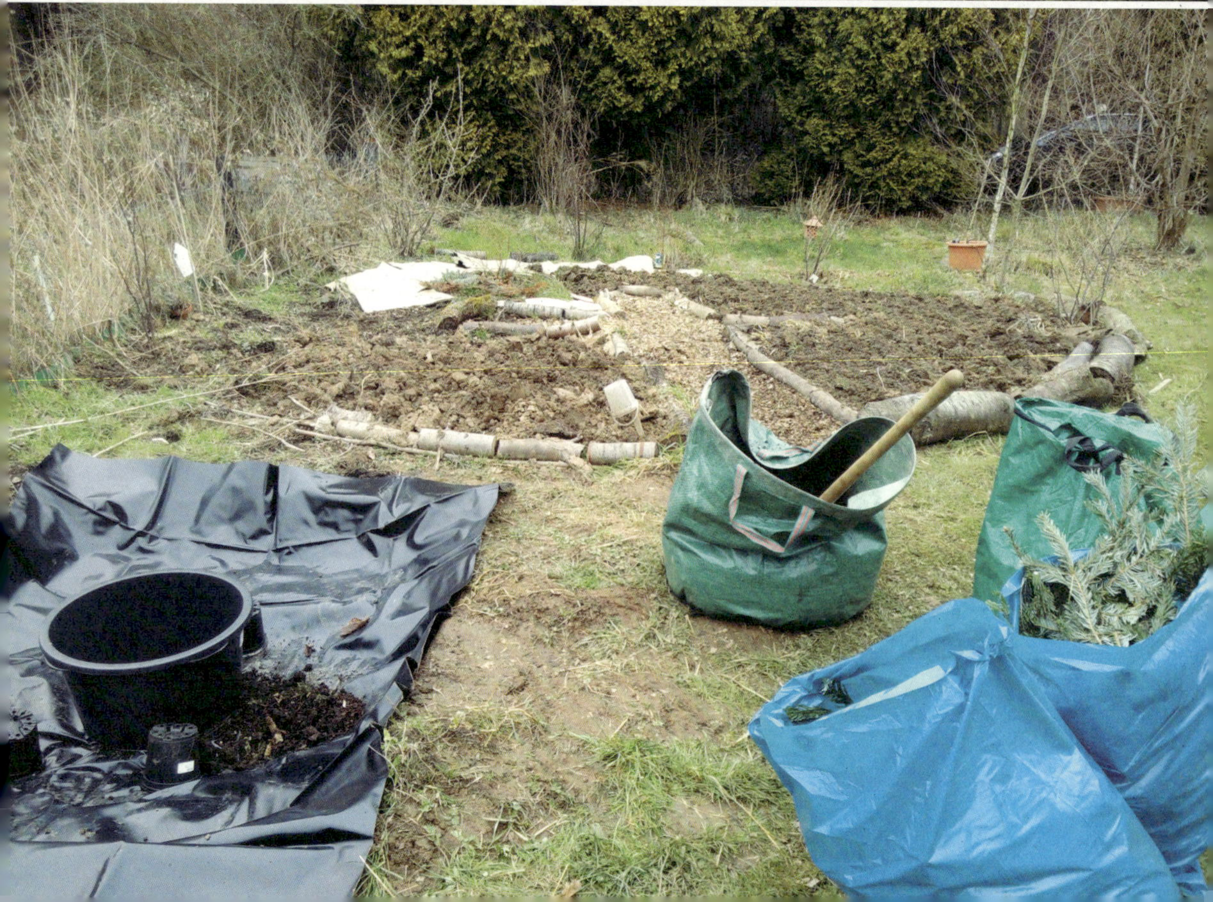

Permakultur in der Umsetzung – jetzt geht's los!

Nachdem wir nun die umfassenden Facetten der Permakultur erkundet und ihren Einfluss auf unser städtisches Umfeld verstanden haben, betreten wir die praktische Ebene – die der permakulturellen Planung und Umsetzung. Wir starten mit der entscheidenden Beobachtungsphase, in der wir nicht nur den Standort in den Blick nehmen, sondern auch uns selbst und die individuellen Bedürfnisse, die diesen Raum gestalten werden. Mit diesem tiefen Verständnis beginnen wir, die ersten Elemente in einem ersten Entwurf zu platzieren, der die Prinzipien der Permakultur widerspiegelt.

Eine Herangehensweise der Permakultur basiert auf sorgfältiger Analyse und bedachter Platzierung von Elementen. Von der Anordnung der Pflanzen über die Integration nachhaltiger Energiesysteme bis hin zur Förderung sozialer Interaktion – jeder Aspekt wird betrachtet, um eine harmonische und nachhaltige Umgebung zu schaffen. Diese Phase markiert den Beginn eines kreativen Prozesses, bei dem wir die Prinzipien der Permakultur konkret in unserem Lebensraum verankern und so eine regenerative Zukunft gestalten.

Die Selbstanalyse

Dein persönlicher Fußabdruck in der Welt

Hast du schon einmal deinen CO_2-Fußabdruck berechnet? Dies kann äußerst interessant sein, um zu sehen, wie dein persönlicher ökologischer Fußabdruck in der Welt Spuren hinterlässt. Die Berechnung ist nicht unumstritten, denn es wird zum Beispiel nicht mit einberechnet, was du in die Welt zurückgibst. Auch soziale Aspekte, wenn du zum Beispiel über Permakultur oder Nachhaltigkeit referierst und dadurch viel unterwegs bist, treten vielleicht nur durch einen erhöhten CO_2-Fußabdruck in Erscheinung, aber durch dein Tun bringst du weitere Reduktion, die dann durch andere geschieht, in die Welt.

Bilder links: Denke daran! Plane stets vom Muster zum Detail –
so kannst du deine Vorstellungen vom guten Leben verwirklichen.

Die Selbstanalyse

Eine erste Frage: Warum willst du Selbstversorgung?

Eine erste Frage, die du dir stellen kannst, wenn du dir Selbstversorgung wünscht, ist: »Warum überhaupt Selbstversorgung?«

Es ist wichtig, dass wir unser ganz eigenes Bedürfnis, das dahintersteckt, entdecken. Warum habe ich den Wunsch, mich selbst zu versorgen? Und in welchem Ausmaß denn überhaupt? Möchte ich nur ab und an mein eigenes Gemüse ernten, um zu wissen, woher es kommt? Oder möchte ich autark leben, um mich selbst der Gesellschaft zu entziehen, weil ich allein glücklicher bin? Letzteres ist in meinen Augen eher eine falsch verstandene Motivation, aber auch dies kann ein Bedürfnis sein. Daher stellen wir uns zuerst die Frage, in welchen Bereichen unsere Selbstversorgung denn stattfinden soll. Und hierzu wählen wir eine Permakultur-Methode, in der wir unseren Wünschen ein Bedürfnis zuordnen.

Ein Beispiel: »Ich wünsche mir, dass ich auf meinem Balkon mein eigenes Gemüse anbauen kann.«

Zu diesem Wunsch stellen wir jetzt das Bedürfnis, das dahintersteckt. Das Bedürfnis könnte unter anderem sein: »Ich möchte mich regional und saisonal ernähren.« Oder: »Ich möchte wissen, wie mein Gemüse behandelt wurde, und es muss biologisch sein.« Oder: »Ich möchte Kräuter anbauen, die es im Einkaufsmarkt nicht gibt«.

Wir ihr seht, stehen hinter einem Wunsch oft mehrere oder gar andere Bedürfnisse, als wir zuerst denken. Für die späteren Schritte ist es aber wichtig, unsere Bedürfnisse genau zu erkennen und diese dann mit Permakultur-Elementen abzudecken. Macht euch am besten eine kleine Gegenüberstellung, in der ihr zuerst eure Wünsche auflistet. Und dann ergründet ihr, auf welchen Bedürfnissen die Wünsche basieren.

Wünsche	Bedürfnisse
• eigenes Gemüse anbauen	• saisonale und regionale Ernährung
	• biologisch angebaute Lebensmittel
	• Vielfalt auf dem Teller und in der Küche
• Pflegeprodukte selbst machen	• Kosmetik ohne Zusatzstoffe
	• Erfahrungen mit Kräutern sammeln
	• Glücksgefühle, etwas selbst herzustellen
• ganzjährige Selbstversorgung	• Versorgungssicherheit
	• Unabhängigkeit stärken
• ...	• ...

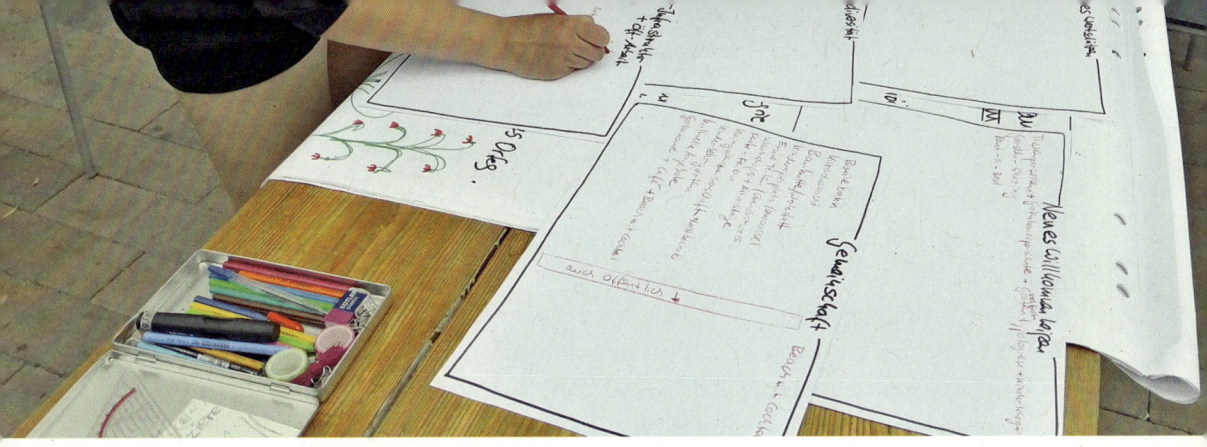

Du wünscht dir etwas? Dann entdecke, welche Bedürfnisse dahinterstecken – mit Papier, Stift und in Gemeinschaft erkennen wir manchmal mehr

Aktuelle Rechner zeigen dir daher nur auf, wie »klimaschädlich« du dich mit deinem Verhalten bei Mobilität, Wohnen, Essen oder Konsum verhältst. Es wäre in meinen Augen sinnvoller, weitere Aspekte mit aufzunehmen, die ein positiveres Ergebnis nicht nur durch Verzicht aufzeigen, sondern auch durch aktives Tun. Wie verhält es sich denn, wenn wir zum Beispiel Bäume pflanzen oder unser Umfeld nachhaltig mit Tauschringen, Repaircafés oder Ähnlichem beleben? Dennoch ist es interessant, einmal sein eigenes Verhalten und die eigene Lebensweise auf den Prüfstand zu stellen. Im Internet gibt es mittlerweile viele verschiedene Rechner und je detaillierter es ist, desto mehr kann ich mich persönlich hinterfragen. Obwohl die Idee und Entwicklung einiger CO_2-Fußabdruck-Rechner von der Öl-Lobby stammen, sollten wir uns nicht davon abhalten lassen, unseren eigenen CO_2-Fußabdruck zu berechnen und zu analysieren. Wir sollten jedoch darauf achten, dass wir unabhängige und vertrauenswürdige Quellen nutzen, um eine genaue und umfassende Analyse zu erhalten.

Es ist sinnvoll, unseren eigenen CO_2-Fußabdruck zu berechnen, um bewusster zu werden und mögliche Veränderungen in unserem Verhalten und in unserer Lebensweise zu identifizieren. Wir sollten jedoch auch darauf achten, dass Regierungen und Unternehmen Maßnahmen ergreifen, um der Klimakrise entgegenzutreten und eine nachhaltige Zukunft zu schaffen.

Dein persönliches Interview

Nun lade ich dich ein, ein persönliches Interview mit dir zu führen. Vielleicht lässt du dich auch von einer Bekannten oder einem Bekannten interviewen, um noch mehr von deinen Bedürfnisse zu erkennen. Manches hast du vielleicht schon bei deinen Wünschen entdeckt und kannst es übernehmen. Solch ein Interview dient dazu, ein noch genaueres Bild über deine zukünftige Permakultur-Lebensweise zu bekommen. Wie in den Prinzipien schon erwähnt, beinhaltet Permakultur eine intensive Beobachtungsphase. Daher nun ein paar Interviewfragen an dich selbst.

Die Selbstanalyse

1. Ziele und Visionen
- Warum möchte ich mein Leben permakulturell gestalten?
- Was ist Ziel der Gestaltung?
- Welches sind meine grundsätzlichen Visionen? Und welche Visionen habe ich für diesen Platz?
- Über welchen Zeitraum soll die Gestaltung stattfinden?
- Wer ist beteiligt oder betroffen? Nur ich, unsere WG oder unsere Familie?
- Welches sind deren Motivationen, Wünsche, Visionen?

2. Gewohnheiten
- Welche Gewohnheiten habe ich und haben die Menschen, die betroffen sind? Beispielsweise bei der Ernährung?
- Wie nutze ich die Räume und das Gelände momentan?
- Wie will ich, wie wollen wir es zukünftig nutzen?

3. Der Ort
- Was weiß ich über die rechtliche Situation – Besitzverhältnisse, Verbindlichkeiten, Grenzen, öffentlicher Zugang, Leitungen, Planungsrecht und Ähnliches?
- Welche Kontakte, Absprachen oder Schwierigkeiten gibt es mit den Nachbarn?
- Sind mir Probleme und Potenziale bekannt, die wichtig für den Ort, meine Wohnung sind?

4. Die Erträge (Output)
- Welche Produkte – essbare und nichtessbare – möchte ich ernten?
- Wie viel möchte ich anbauen?
- Wie lagere ich diese Erträge oder wie mache sie haltbar?
- Welche anderen Orte kann ich aktuell nutzen (zum Beispiel den Kleingarten von Freunden oder Ähnliches)?

5. Der Aufwand (Input)
- Was kann ich einbringen – sowohl Zeit als auch Geld, monatlich, einmalig?
- Wie viele Menschen sollen versorgt werden?
- Welche Fähigkeiten haben diese Menschen?

6. Wichtiges
* Welche Ausrüstung habe ich schon und welche möchte ich noch haben?
* Was mag ich am meisten an meiner Wohnung?
* Was gefällt mir am wenigsten an meiner Wohnung?
* Welche Dinge können in meiner Wohnung und Umgebung bewegt werden, damit sie besser funktionieren?
* Was soll unbedingt so bleiben, wie es ist?
* Was will ich unbedingt loswerden?
* Was wäre mir am wichtigsten, dass es sich ändert?

Deine Antworten nimmst du beim Gestaltungsprozess deines Permakultur-Lebens mit. Du kannst immer wieder Bezug darauf nehmen und versuchen, die Bedürfnisse, die dahinterliegen, mit Permakultur-Elementen abzudecken.

Ressourcen und Begrenzungen

Jetzt befasst du dich in der Selbstanalyse mit deinen Ressourcen und Begrenzungen. Dazu zählen Zeit, Geld, Material, Fähigkeiten, Erfahrungen, körperliche Möglichkeiten, Kontakte mit Fachwissen und Arbeitskraft. Deinen Standort und die Umgebung nimmst du auch schon mit auf und machst eine ganzheitliche Bestandsaufnahme.

Du fängst bei dir persönlich an, in Zone 0. Vermutlich bist du irgendwann so tief in der Permakultur drin, dass du in allem eine Ressource siehst. So könntest du auch deine abgeschnittenen Fingernägel als Ressource zum Düngen von Pflanzen sehen. Aber fange lieber mit den größeren Dingen an. Denn ein Prinzip ist ja auch: vom Muster zum Detail!

Auch hier ist es hilfreich, sich eine Liste zu machen. Das könnte so aussehen:

Zone 0 – du persönlich

Ressourcen	Begrenzungen
• viel zu Hause, da meist im Homeoffice	• keine Kenntnisse oder Erfahrung mit Pflanzenanzucht
• 300 Euro für die Gestaltung des Balkons	• eventuell zu geringes Budget
• große Begeisterung, Dinge selbst zu bauen	• nur an den Wochenenden zu Hause
• ...	• ...

Die Selbstanalyse

Zone 1 – die direkte Umgebung

Hier könnt ihr auch schon Elemente einpflegen, die euch beim Thema »Permakultur-Baum« eingefallen sind. Zum Beispiel eine Initiative, die ihr kennt, oder eine Gruppe von Menschen, die mit einem Thema der Nachhaltigkeit unterwegs ist.

Ressourcen	Begrenzungen
• Balkon von etwa 9 m² Fläche	• Hochhaus ohne eigene Biomüll-Verwertung
• zwei Fensterbänke nach Süden	• kein Balkon
• zwei Fensterbänke nach Westen	• keine oder nur kleine Flächen für eine Gestaltung
	• viel Schatten, da Nordseite
• drei alte Europaletten	• Bodenversiegelung (Parkplätze)
• Nachbar ist Schreiner	• städtische Entfremdung und keine Nachbarbekanntschaften
• Transition-Town-Gruppe im Viertel	• …
• …	• …

Zone 2 bis Zone 5 – die weitere Umgebung

In diesen Zonen schauen wir nach weiteren Ressourcen und Begrenzungen, die sich nicht in eurer direkten Umgebung befinden. Hier lade ich euch ein, die Stadt und ihre Außengrenzen zu erkunden. Schaut nach weiteren Initiativen, Bio-Bauernhöfen, Wald und Wiesen.

Ressourcen	Begrenzungen
• Solidarische Landwirtschaft am Stadtrand	• schlechte ÖPNV-Verbindungen
• Kleingärten in etwa 3 km Entfernung	• Wartelisten bei Kleingarten-Vereinen
• Wiese am Stadtrand mit Wildkräutern	• Wiesen und Wälder weit entfernt und nur mit dem Auto zu erreichen
• Wochenmarkt in der Stadtmitte	• …
• …	• …

Nun haben wir viele Ressourcen entdeckt und auch einige Begrenzungen. Der nächste Schritt ist nun, euren Standort zu analysieren.

Die weitere Analyse und Beobachtung

In der Analysephase geht es darum, neben der Selbstanalyse ein umfassendes Verständnis für euren Standort, die Umgebung und die vorhandenen Bedingungen zu entwickeln. Dabei spielt die Standortanalyse eine zentrale Rolle. Ihr erforscht die topografische Beschaffenheit, Bodenqualität, Klimabedingungen und Windmuster. Diese Informationen sind entscheidend, um zum Beispiel zu beurteilen, welche Pflanzenkulturen und Elemente am besten geeignet sind.

Außerdem ist die ökologische Bewertung von großer Bedeutung: Ihr identifiziert die lokale Flora und Fauna, natürliche Wasserwege, Biodiversität und ökologische Prozesse. Diese Erkenntnisse helfen euch, ein Design zu entwickeln, das die natürlichen Prozesse unterstützt und schützt.

Die soziale und kulturelle Analyse berücksichtigt soziale Strukturen, Gemeinschaftsbedürfnisse, kulturelle Werte und lokale Ressourcen. Eine genaue Ressourceninventur ist unerlässlich, um Wasserquellen, Materialien, Energiequellen und vorhandene Infrastruktur zu erfassen.

Während der Analysephase identifiziert ihr auch mögliche Herausforderungen und Probleme, wie Bodenversauerung, Wasserknappheit oder klimatische Extremereignisse. Es ist essentiell, dass ihr euch ein Ziel setzt und die ethischen Grundsätze der Permakultur einbezieht (Erde pflegen, Menschen pflegen, Überschuss teilen).

Die Ergebnisse dieser Analyse bilden die Basis für die eigentliche Designarbeit, bei der alle Elemente eures Projekts miteinander in Beziehung gesetzt werden. Eine gründliche und umfassende Analyse gewährleistet, dass euer Design den Bedürfnissen des Geländes, der Umwelt und der Gemeinschaft gerecht wird und nachhaltige und widerstandsfähige Systeme schafft.

Standortanalyse

Kommen wir nun speziell zur Standortanalyse. Dabei betrachtet ihr den Platz, wo ihr wohnt und lebt. Welche Gegebenheiten sind dort und welches Potential gilt es zu entdecken? Dazu schauen wir uns nacheinander verschiedene Bereiche an. Am Beispiel einer klassischen Stadtwohnung in einem Dreifamilienhaus möchte ich euch dies aufzeigen. Natürlich könnt ihr dieses Werkzeug auch auf einen Hausgarten oder andere Strukturen, die ihr gestalten wollt, anwenden.

Zuerst schaut ihr, wie viele Fensterbänke ihr habt und in welchen Himmelsrichtungen sie liegen. Habt ihr nur eine Nordseite, wird es wohl schwierig, Pflanzen aufzustellen, die sehr viel Licht benötigen. Aber auch hierfür gibt es passende Arten. Wichtig ist zuerst, dass ihr klärt, welche Voraussetzungen ihr habt.

Dann schaut ihr nach dem Balkon. Wie ist dort die Ausrichtung? Wie groß ist er?

Auch der Hof oder der kleine Vorgarten vor dem Haus kommt unter eure Lupe. Wie ist hier die Himmelsrichtung?

Und nun betrachtet ihr noch den Platz, der vor dem Haus liegt. Meist ist es ein Bürgersteig mit vielleicht ein paar Parkplätzen und etwas Grün, das die Stadt dort angelegt hat.

Licht und Schatten

Wenn wir uns nun ein paar Skizzen gemacht haben, analysieren wir als Nächstes Licht und Schatten. Bei den Fensterbänken ist das oft einfach, weil die Himmelsrichtung ausschlaggebend ist. Aber auch hier sollten wir einmal über das Jahr hinweg beobachten, ob es nicht Schattenwürfe durch zum Beispiel Nachbargebäude gibt. Im Winter steht die Sonne tiefer, da kann es schon mal sein, dass die westliche Fensterbank keine oder viel weniger Sonne abbekommt als im Sommer. Je länger du deinen Standort beobachtest, desto genauer kannst du das Design später erstellen. Auch beim Balkon und Vorgarten schauen wir nun nach Licht und Schatten. Auch ist es ratsam, dies zu verschiedenen Uhrzeiten zu prüfen. Gibt es dort zum Beispiel Stellen, die ständig in der Sonne sind, wie ein Südbalkon ohne Schatten und in praller Sonne am Mittag? Dort würde ich dann keine empfindliche Pflanze hinstellen, weil sie sonst enormem Stress ausgesetzt wäre.

Wasser

Kommen wir nun zum Thema »Wasser«. Wo sind Wasserquellen in der Wohnung? Gibt es einen Wasseranschluss auf dem Balkon? Hast du eine Regentonne oder wo laufen die Regenrinnen entlang und wohin geht der gesammelte Regen? Auch dies zeichnen wir in unsere Skizze ein oder notieren uns die Beobachtungen.

Auch ist es wichtig, zu wissen, wie die Wasserqualität vor Ort ist. Hierzu gibt es die Möglichkeit, sich zum Beispiel ein Testkit zu besorgen oder in einem lokalen Internet-Forum zu fragen, ob jemand in der Nähe einen Teststreifen für die Bestimmung von pH-Werten und Wasserhärte hat. Meist finden sich in lokalen Netzwerken auch Personen, die sich im Stadtteil schon mit der dortigen Wasserqualität auseinandergesetzt haben, und diese können dann Informationen geben. Aber auch eure persönliche Beobachtung dient hier als Informationsquelle. Wir haben bei uns zum Beispiel recht kalkhaltiges Leitungswasser. Dies merken wir am Wasserkocher, der regelmäßig verkalkt ist. Dieses Leitungswasser ist dann nicht geeignet für Pflanzen, die einen eher sauren pH-Wert benötigen. Auf unserem Balkon wachsen zwei Mini-Kiwi in Töpfen. Da diese nun Kalkwasser nicht so gerne haben, ist es wichtig, zu wissen, wie denn die Qualität des Wassers ist, das wir haben.

Wind

Nun schauen wir unseren Balkon mal genauer an, was das Thema »Wind« angeht. Meist gibt es eine Hauptwindrichtung für den Wohnort. Aber gerade in der Stadt entstehen oft Windkanäle und Mikroklimata, die sehr eigen sein können. Daher ist es wichtig, zu wissen, woher der Wind kommt, um empfindliche Pflanzen bei Bedarf zu schützen.

Boden

Solltet ihr einen Vorgarten haben, empfiehlt es sich, auch den Boden genauer anzuschauen. Welche Art von Boden habt ihr denn? Eher sandigen oder lehmigen? Die Bodenart könnt ihr wahrscheinlich schnell erkennen. Bei Hochbeeten und Topfpflanzen greifen viele auch auf gekaufte Erde zurück, hier könnt ihr die Bodenart leicht identifizieren. Natürlich könnt ihr auch eine Schlämmprobe eures Gartenbodens durchführen. Die Schlämmprobe dient dazu, Informationen über die Bodenart, die Bodenstruktur und die Humusschicht zu gewinnen.

Nach der Analyse der erste Entwurf!

Nachdem die Analysephase abgeschlossen ist, folgt der aufregende Schritt des ersten Entwurfs. In dieser Phase werden die gewonnenen Erkenntnisse aus der Analyse in konkrete Designideen umgesetzt. Der erste Entwurf ist ein kreativer Prozess, bei dem Ideen fließen und Lösungen für die in der Analyse identifizierten Probleme gefunden werden. Dabei berücksichtigen wir verschiedene Aspekte.

Zu Beginn stehen die Konzeption und Skizzierung. Hierbei werden Ideen und Konzepte entwickelt, die in groben Skizzen festgehalten werden. Diese Skizzen dienen als Ausgangspunkt für die detailliertere Gestaltung eures Projektes.

Die Auswahl und Platzierung der Elemente ist ein weiterer wichtiger Schritt. Konkrete Elemente wie Pflanzenarten, Beetformen, Teiche oder Gehölze werden ausgewählt und unter Berücksichtigung der Analyseergebnisse sowie der Zonierung auf dem Gelände platziert. In unserem städtischen Entwurf blicken wir etwas weiter als auf den eigentlichen Garten. Wir schauen nach Elementen wie zum Beispiel der solidarischen Landwirtschaft, wo ihr wahrscheinlich jede Woche einmal euer Gemüse abholt. Was könntet ihr auf diesem Weg noch »erledigen«? Welche Elemente würden dazu passen? Natürlich ist es schwierig, Elemente wie eine solidarische Landwirtschaft oder ein Repaircafé so zu platzieren, dass es genau in euren persönlichen Entwurf passt, aber auch hier gibt es bestimmt »bewegliche« Elemente, die ihr in der Nähe platzieren könnt. So kann es vielleicht sinnvoll sein, wenn ihr ein Element aus der Zone 0, zum Beispiel eure Meditations- oder Yogagruppe, so wählt, dass ihr davor oder danach euer Gemüse abholen könnt.

Die Verbindung und Integration der Elemente in das Gesamte sind entscheidend. Wege und Verbindungen zwischen den Elementen werden geplant, um eine effiziente Nutzung oder Bewirtschaftung zu ermöglichen. Elemente werden so gestaltet, dass sie sich gegenseitig unterstützen, so zum Beispiel für ein Gemüsebeet den Schattenwurf von Bäumen zu nutzen oder mit euren Fähigkeiten andere Menschen zu unterstützen und als Dank etwas zurückzubekommen, was in Richtung des Tauschens geht. Im Entwurf können auch Elemente wie Gemeinschaftsgärten, Food-Coops, Kindergarten, Schule und Arbeitsplatz dargestellt werden. Eventuell bemerkt ihr Beziehungen zwischen den einzelnen Elementen, die sich positiv unterstützen.

Wir konnten zum Beispiel in der Kindergartenzeit unserer Tochter regelmäßig Apfelsaft der angrenzenden Streuobstwiese kaufen, den der Verein dort kelterte. Für uns war es gut, dass wir diesen regionalen Apfelsaft mitnehmen konnten und keinen aufwendigen Weg zum Getränkeladen einrichten mussten. Zugleich wurde der Erzeuger direkt unterstützt und es fielen keine Transportkosten an. Und das ist nur eines von vielen kleinen Beispielen, wie sich Elemente positiv beeinflussen können.

Manchmal ist es viel einfacher, sich ein Projekt und seine Bauphasen vorzustellen, wenn man es im Kleinen vorher baut – auch wenn du dich mit Plänen auf Papier schwertust, ist das eine tolle Möglichkeit!

Das eigentliche Design

Das eigentliche Design ist der finale Schritt, bei dem der detaillierte und ausführliche Plan für euer nachhaltiges System erstellt wird. Dieser Plan bildet die Grundlage für die tatsächliche Umsetzung eures Projekts und enthält alle notwendigen Informationen, um eure Vision zu verwirklichen. Während der Designphase werden alle Elemente und Strukturen, die in den vorherigen Phasen entwickelt wurden, sorgfältig gezeichnet und beschrieben. Dies beinhaltet zum Beispiel im Falle eines Gartens die genaue Platzierungen von Pflanzen, Wegen, Wasserspeichern, Terrassen, Etagen in einem Waldgartensystem und allen anderen Elementen, die Teil eures Systems sind. Diese Pläne sind oft sehr detailliert und zeigen die exakten Abstände, Maße und Proportionen.

Zusätzlich zu den Zeichnungen enthält das Design auch umfassende schriftliche Beschreibungen. Diese legen die spezifischen Materialien, Pflanzenarten, Pflegeanweisungen und Zeitpläne fest. Sie bieten eine detaillierte Anleitung für jeden Schritt der Umsetzung und gewährleisten, dass das Projekt gemäß den ursprünglichen Zielen durchgeführt wird.

Die Umsetzung

Mit der Umsetzung kommt der Schritt, bei dem das zuvor ausgearbeitete Design in die Realität umgesetzt wird. Die Umsetzung kann in Form eines »Perma-Blitzes« erfolgen, einer intensiven und kooperativen Aktion, bei der viele Menschen zusammenarbeiten, um ein Projekt in kurzer Zeit zu verwirklichen. Meist findet dieser mit einem Wissensaustausch statt. Die Helfer lernen von eurem Design und ihr habt tatkräftige Helfer.

Die Instandhaltung

Sobald euer nachhaltiges System eingesetzt ist, wird es kontinuierlich gepflegt und optimiert. Diese umfassende Instandhaltung beinhaltet regelmäßige Tätigkeiten – im Garten zum Beispiel Bewässerung, Düngung, Schutzvorkehrungen und den

Herzlich willkommen im gemeinschaftlichen Bauerngarten –
die selbst gebaute Tafel am Eingang informiert über Neuigkeiten

Rückschnitt von Bäumen, die allesamt essentiell sind, um die Vitalität der Pflanzen sowie die Effizienz des Systems zu fördern. Ebenso sind Erntepläne ein zentraler Aspekt der Pflege, weil sie präzise Zeitpunkte für die Ernte von Obst, Gemüse und weiteren Produkten definieren.

Darüber hinaus erfordert auch das Engagement in Initiativen, die gemeinnützige Arbeit oder das Leben in einer Gemeinschaft eine gewisse Pflege, um eine Balance zu gewährleisten. Ihr werdet vermutlich viel Zeit und Energie in diese Bereiche investieren, die euch im Gegenzug wiederum bereichern sollten, anstatt zu überfordern. Es ist daher von Bedeutung, dass ihr eure Ressourcen sorgsam verwaltet, positive Effekte fördert und Bereiche, die euch belasten, kritisch hinterfragt. Nutzt Feedback als Chance zum Lernen und zur Neuorientierung, um Schwachstellen zu beheben.

Die nachhaltige Instandhaltung erfordert eine beständige Weiterentwicklung, die Anpassung an sich verändernde Umstände, und sie baut auf den Erfahrungen auf, die im Laufe der Zeit gesammelt werden. Sie ist grundlegend für den dauerhaften Erfolg eures Permakulturprojekts, indem sie dessen Produktivität und Ressourceneffizienz langfristig sichert.

Der Autor

Andreas Telkemeier arbeitet im Vertrieb eines Start-ups im Bereich erneuerbare Energien. Er ist Diplom-Permakultur-Designer (Diploma of Applied Permaculture Design) und Tutor an der »Permakultur Akademie Deutschland« sowie Gründer der Initiative »Permakultur-Darmstadt« und Mentor bei »Der Kreis e. V.« für Naturarbeit und Visionssuchen für junge Menschen.

Gerne begeistert er Menschen für ein nachhaltiges Leben und die Permakultur. Mit seiner Familie lebt er in Seeheim bei Darmstadt und gestaltet seit mehreren Jahren Permakultur auch in Form von Workshops und Tutorien.

Warum Permakultur und Selbstversorgung?

Ich bin leidenschaftlicher Gärtner, lebe täglich Permakultur und möchte Menschen dafür begeistern. Aufgewachsen bin ich in der Nähe von Aschaffenburg in Unterfranken. Dort wohnte ich mit meinen Eltern und zwei jüngeren Brüdern in einem Haus mit Garten. Der Garten war eher das, was wir heute in vielen Städten als klassischen Hausgarten sehen: Rasen, Thuja, Sandkasten und noch ein Baum.

Aber da gab es ja noch Oma und Opa einen Ort weiter. Dort gab es dann all das, was wir heute kaum in der Stadt sehen: Hühner, Hasen, Gemüse und Selbstversorgung.

Schon als Kind war ich gern im Garten meiner Großeltern. Der Platz, an dem der Rhabarber wuchs, den ich als Kind so gerne aß. Der Wechsel der verschiedenen Gemüse und Obstsorten im Jahresverlauf. Die Hühner und die Freude, wenn ich ein Ei aus dem Nest holen konnte, und die Überraschung, wenn ein Huhn noch darauf saß. Meine Großeltern waren Selbstversorger, auch wenn sie sich so nicht nannten. Und das mitten im Dorf ohne viel Land. Sie versorgten sich das ganze Jahr über mit Produkten, die sie selbst anbauten.

Ich liebte die Zeit, wenn ich zu ihnen kam und der ganze Tisch voll war mit Gurken zum Einlegen. Beim Streifen durch jeden Winkel und Naschen an allen Ecken empfand ich immer Freude. Meine Großeltern hatten verschiedene »Zonen« für ihre Selbstversorgung eingerichtet. Und das, ohne je von Permakultur gehört zu haben. Es war einfach so. Es gab das Wohnhaus, den Gemüsegarten, Kompostwirtschaft, einen kleinen Acker und ein Gartengrundstück, das weiter entfernt lag für Heu, Bohnen und den jährlichen Weihnachtsbaum. Der Keller war stets voll mit gelagertem Gemüse, Marmeladen und Eingekochtem.

Somit durfte ich bereits als Kind die Vorzüge eines Lebens als Selbstversorger kennenlernen. Nach der Schule schlug ich den Weg zum Maschinenbau ein und wurde staatlich geprüfter Maschinenbautechniker. .Doch die Leidenschaft des Gärtnerns holte mich wieder ein. Denn als die Permakultur in mein Leben kam, hatte ich plötzlich ein Werkzeug zur Hand, mit dem ich all diese Qualitäten wieder in greifbarer Nähe hatte. Es ergab sich wie von selbst, dass ich mich mit allen Bereichen meines Lebens befasste, um wieder mehr in eine Selbstermächtigung zu kommen.

Schon während des Permakultur-Studiums gründete ich die Initiative »Permakultur-Darmstadt« und vernetzte die Permakultur in der Stadt. Mittlerweile bin ich ausgebildeter Permakultur-Designer und gebe regelmäßig Kurse und Workshops zum Thema »Permakultur in der Stadt« und zu verschiedenen Gartenthemen. Die wichtigsten und schönsten Momente sind für mich aber, Permakultur einfach zu leben. Es gibt nichts Besseres, als bei einem Kurs aus den persönlichen Alltagserfahrungen mit Permakultur zu berichten.

Jemand sagte mir einmal über die Permakultur: »if it's not fun, it's not sustainable« – wenn es keinen Spaß macht, ist es nicht nachhaltig. Und darum geht es mir. Wenn ich Workshops und Kurse anbiete, ist es mir wichtig, dass wir gemeinsam Spaß haben. Kaum etwas ist schlimmer, als ständig in Verboten zu leben. »Du darfst keine Tomate im Winter kaufen, weil nicht saisonal« ... ja, stimmt, aber anstatt eines Verbotes könnten wir uns an der ersten Tomate und der ersten Erdbeere aus unserer Region im Sommer erfreuen – am intensiven Geschmack dieser Früchte. Die Vorfreude darauf. Und das bewusste Genießen. Das fühlt sich doch viel schöner an, als wenn ich mich aus einem Verbot heraus motiviere. Also lasst uns das Leben und seine Geschenke viel mehr wertschätzen und genießen!

Kontakt zum Autor: Andreas.Telkemeier@urbanepermakultur.de

Permakultur

Graham Bell:
Permakultur praktisch
ISBN: 978-3-89566-197-6

Masanobu Fukuoka:
Der Große Weg hat kein Tor
ISBN: 978-3-89566-206-5

Bill Mollison:
Permakultur konkret
ISBN: 978-3-89566-198-3

Graham Bell:
Der Permakultur-Garten
ISBN: 978-3-89566-196-9

Ratgeber für den Permakultur-Garten

Andrea Preißler-Abou El Fadil:
Gärtnern nach dem Terra-Preta-Prinzip
ISBN: 978-3-89566-376-5

Paula Polak:
**Regenwasser nutzen –
ein Geschenk für meinen Garten**
ISBN: 978-3-89566-427-4

Astrid Rieger:
BodenLeben
ISBN: 978-3-89566-425-0

Irmela Erckenbrecht:
Die Kräuterspirale
ISBN: 978-3-89566-290-4

Weitere Bücher aus dem pala-verlag

Almut Tobis und Norbert Poeplau:
Heilkraft aus dem Bienenstock
ISBN: 978-3-89566-426-7

Stefanie Horn:
Natürlich fermentierte Nüsse
ISBN: 978-3-89566-392-5

Irmela Erckenbrecht und Peter Reichenbach:
Farbstark mit sevengardens
ISBN: 978-3-89566-426-7

Christina Mann:
Kraftsträuße
ISBN: 978-3-89566-354-3

Gesamtverzeichnis bei:
pala-verlag, Am Molkenbrunnen 4, 64287 Darmstadt, www.pala-verlag.de

Bildnachweis

Seiten 8, 66 (links), 145, 154: Sabine Eckstein
Seiten 16, 31, 52 (links), 54, 72 (rechts), 120, 138, (links), 140: Angelika Eckstein
Seite 23: Susi Berk
Seite 29: Robert Strauch
Seite 52 (rechts): Ulrike Aufderheide
Seite 62 (oben links, unten links): Margareta Brydziun, Permagie
Seite 64: Jochen Müller
Seite 68: Linda Varnholt
Seite 73: Karin Walz
Seiten 78, 115, 116: Conny Müller, WohnSinn Darmstadt
Seiten 82, 83: Heinerleih Darmstadt
Seiten 87 (rechts), 98:
Eigenbetrieb für kommunale Aufgaben und Dienstleistungen (EAD) Darmstadt
Seiten 88, 125: Gosia Harms
Seiten 91, 96 (links), 111, 112 (unten), 127: Heidi Peters
Seite 103 (rechts): Christian Richter, Fensterkraftwerk GmbH
Seite 122: Erich von Deschatta
Seite 135: Martin Eckstein
Seite 156 (oben): Thomas Sedlmeyr
alle anderen Fotos: Andreas Telkemeier

Umschlagfotos vorne: Ulrike Aufderheide *(oben links),*
Andreas Telkemeier *(alle anderen Fotos)*
Umschlagfotos hinten: Andreas Telkemeier

Illustrationen Seiten 18, 35, 130: Sophie Bernauer

ISBN: 978-3-89566-434-2
© 2024: pala-verlag,
Am Molkenbrunnen 4, 64287 Darmstadt
www.pala-verlag.de

Alle Rechte vorbehalten

Lektorat und Gestaltung: Angelika Eckstein

Druck und Bildung: Beltz Grafische Betriebe GmbH, Bad Langensalza
www.beltz-grafische-betriebe.de
Printed in Germany